古典文獻研究輯刊

三九編

潘美月・杜潔祥 主編

第61冊

四分律「比丘戒法」白話譯注(中)

屈大成 著

國家圖書館出版品預行編目資料

四分律「比丘戒法」白話譯注（中）／屈大成 著 -- 初版 --
新北市：花木蘭文化事業有限公司，2024〔民 113〕
目 8+154 面；19×26 公分
（古典文獻研究輯刊 三九編；第 61 冊）
ISBN 978-626-344-981-7（精裝）
1.CST：四分律 2.CST：律宗 3.CST：律藏 4.CST：注釋
011.08   113009898

ISBN-978-626-344-981-7

古典文獻研究輯刊
三九編　第六一冊　　　　　　　　ISBN：978-626-344-981-7

四分律「比丘戒法」白話譯注(中)

作　　者　屈大成
主　　編　潘美月、杜潔祥
總 編 輯　杜潔祥
副總編輯　楊嘉樂
編輯主任　許郁翎
編　　輯　潘玟靜、蔡正宣　美術編輯　陳逸婷
出　　版　花木蘭文化事業有限公司
發 行 人　高小娟
聯絡地址　235 新北市中和區中安街七二號十三樓
　　　　　電話：02-2923-1455／傳真：02-2923-1452
網　　址　http://www.huamulan.tw 信箱 service@huamulans.com
印　　刷　普羅文化出版廣告事業
初　　版　2024 年 9 月
定　　價　三九編 65 冊（精裝）新台幣 175,000 元　　版權所有・請勿翻印

四分律「比丘戒法」白話譯注（中）

屈大成　著

目次

十五、不貼坐具戒

提要：佛指示坐具製法，六群比丘不從。

（一）制戒因緣

1. 坐具凌亂

那時，佛在舍衛國祇樹給孤獨園。

這時，世尊派人接受請食〔註143〕。

眾佛慣常的做法，乃在比丘們接受請食後，行遍比丘們之房〔註144〕，看見舊坐具〔註145〕放在溫室〔註146〕中，或教授堂中，或經行處，或洗腳石上，或門前土堆上，或在杙條上，或在龍牙橛木上，或在衣架上，或在繩床、木床上，或在枕上，或地敷上，處處凌亂，無人收拾。

2. 初立規制

世尊看見後，這樣想念：「比丘們嫌棄坐具，或重，或輕，或說厚，或說薄，沒有丟棄舊的便另製新者，使坐具眾多，處處凌亂，無人收拾。我現今怎樣令比丘們使用舊坐具呢？」又這樣想念：「我當聽許比丘們製新坐具，取下舊的長闊一搩手，貼在新的上面，為了呈現壞色。」

世尊進食後，藉這因緣召集比丘僧眾，告訴他們說：「我先前在僧眾接受請食後，遍行各僧房，看見舊坐具處處凌亂，無人收拾。我看見後這樣想：『比丘們有的說自己的坐具重，或說輕，或說薄，或說厚，沒有丟棄舊坐具便另製新者，使舊的處處凌亂，無人收拾』。我這樣想念：『怎樣令比丘們使用舊坐具呢？』而又想念道：『我現在聽許比丘們製新坐具，當取下舊的長闊一搩手，貼在新的上面，為了呈現壞色』。因此『*聽諸比丘作新坐具，取故者縱廣一搩手，帖*〔註147〕*新者上，以壞色故*』。」

3. 六群不從

那時，六群比丘聽聞世尊「*聽比丘作新坐具，當取故者縱廣一搩手，帖著新者上，以壞色故*」；但他們製新坐具，沒有取下舊的長闊一搩手，貼在新的上面，不呈現壞色。

〔註143〕請食：施主到寺院或僧眾，邀請僧眾到他家中進食。
〔註144〕房：《巴利律》作 senāsana，臥坐所、房舍。
〔註145〕坐具：《巴利律》作 nisīdanasanthata，坐具、臥具。
〔註146〕溫室：浴室或燃火禦寒之室。
〔註147〕帖：同貼。

比丘們聽聞，其中少欲知足、行頭陀、喜好學戒、知慚愧者，嫌惡斥責六群比丘說：「為什麼世尊『聽諸比丘作新坐具，當取故者縱廣一搩手，帖新者上，用壞色故』；但你們製新坐具，為何沒有用舊的長闊一搩手，貼在新的上面呢？」

比丘們嫌惡斥責他們後，前往世尊之所，頭面作禮，坐在一旁，把這因緣全部稟告世尊。

4. 佛斥犯者

世尊藉這因緣召集比丘僧眾，怒聲斥責六群比丘：「你們做錯了！不合威儀、不合沙門法、不是清淨的行為、不是隨順佛法的行為，都不應做。我跟比丘制戒：『若比丘，作新坐具，當取故者縱廣一搩手，帖著新者上，用壞色故』。為什麼你們製新坐具，沒有取下舊的長闊一搩手，貼在新的上面呢？」

（二）制戒內容

1. 佛制戒

這時，世尊用無數方法怒聲斥責他們後，告訴比丘們：「這些六群比丘，愚癡人啊！會引生多種有漏，最初犯本戒。從今以後，跟比丘們結戒，為了這十句義……乃至使正法得以久住。想說戒者，應這樣說：

若比丘，作新坐具，當取故者縱廣一搩手〔註 148〕，帖著新者上，壞色故；若作新坐具，不取故者縱廣一搩手，帖著新者上，用壞色故，尼薩耆波逸提。」

2. 釋義

（1）比丘：意義如上文。

3. 違犯輕重

那比丘，製新坐具時，如舊坐具未破爛，沒有破孔，應取來洗滌、染色、整理、攤開，裁剪取下長闊一搩手，貼在新的上面，貼在旁邊或中央，為了令新者呈現壞色。

如比丘，沒取下舊的貼在新的上面，不呈現壞色，而另製成新坐具，尼薩耆波逸提；沒完成，突吉羅。

如叫他人製成，尼薩耆波逸提；沒完成，突吉羅；為他人製，完成或不完

〔註 148〕一搩手：律文無標明是佛抑或常人的一搩手，《巴利律》作 sugatavidatthi（一善逝搩手），《僧祇律》、《五分律》、《十誦律》、《根有部律》同。本律或遺漏。

成，皆突吉羅。

4. 淨施

（1）犯者捨坐具

這尼薩耆應捨與僧眾，或眾多人，或一人，不得捨與別眾；如沒完成捨與，突吉羅。

捨與給僧眾時，應走到僧眾中，偏露右肩、脫去革屣、向上座禮敬、右膝著地、合掌，這樣告白：「大德僧聽，我某甲比丘作新坐具，不以故者帖新者上，用壞色故，犯捨墮。今捨與僧。」

捨與後應當懺悔。面前接受懺悔的人。應告白：「大德僧聽，此某甲比丘作新坐具，不以故者帖新者上，壞色故，犯捨墮。今捨與僧。若僧時到，僧忍聽我受某甲比丘懺。白如是。」

這樣告白後接受懺悔，應對那比丘說：「自責汝心！」

比丘報說：「爾。」

（2）僧還坐具

僧眾便應歸還那比丘坐具，行「白二羯磨」，應這樣給他：僧眾中應差遣能主持羯磨者……如上文，這樣告白：

「大德僧聽，某甲比丘作新坐具，不以故者帖新者上，壞色故，犯捨墮。今捨與僧。若僧時到，僧忍聽還此某甲比丘坐具。白如是。」

「大德僧聽，此某甲比丘作新坐具，不以故者帖新者上，壞色故，犯捨墮。今捨與僧。僧今持此坐具還此比丘。誰諸長老忍僧持此坐具還此比丘者，默然；誰不忍者，說。」

「僧已忍與彼某甲比丘坐具竟，僧忍，默然故，是事如是持。」

（3）不還違犯

如比丘，在僧眾中捨與坐具後，不歸還，突吉羅；如有人教唆不要歸還，突吉羅；或轉作淨施，或自己受用，或送與他人，或常常坐著以致破爛，全突吉羅。

（三）兼制

比丘尼，突吉羅；式叉摩那、沙彌、沙彌尼，突吉羅。這叫做犯。

（四）開緣

不犯：裁剪取下舊者貼在其上，令新坐具呈現壞色；或那比丘本身沒有坐

具而另製新者，或他人代為製者，或得已製成者，或全用舊物製者，不犯。

十六、持羊毛過限戒

提要：跋難陀多得羊毛，用杖棍擔起走路，被誤會販賣羊毛。

（一）制戒因緣

1. 多拿羊毛

那時，世尊在舍衛國祇樹給孤獨園。

這時，跋難陀釋子在路上行走，得到很多羊毛，用杖棍貫穿擔起，在路上行走。

居士們看見，嫌惡斥責說：「沙門釋子為什麼販賣羊毛呢？」便問：「大德，這些羊毛賣不賣呢？」

比丘們聽聞這番話後，其中少欲知足、行頭陀、喜好學戒、知慚愧者，嫌惡斥責跋難陀說：「為什麼用杖棍貫穿擔起羊毛，在路上行走呢？」

比丘們前往世尊之所，頭面禮足，坐在一旁，把這因緣全部稟告世尊。

2. 佛斥犯者

世尊藉這因緣召集比丘僧眾，怒聲斥責跋難陀釋子：「你做錯了！不合威儀、不合沙門法、不是清淨的行為、不是隨順佛法的行為，都不應做。為什麼親自用杖棍擔起羊毛，在路上行走，竟被居士所譏議呢？」

（二）制戒內容

1. 佛制戒

世尊用無數方法怒聲斥責他後，告訴比丘們：「這愚癡人啊！會引生多種有漏，最初犯本戒。從今以後，跟比丘們結戒，為了這十句義……乃至使正法得以久住。想說戒者，應這樣說：

若比丘，道路行，得羊毛〔註149〕，若無人持〔註150〕，得自持，乃至三由旬〔註151〕；若無人持，自持過三由旬，尼薩耆波逸提。」

2. 釋義

（1）比丘：意義如上文。

〔註149〕羊毛：《巴利律》作 eḷakaloma，牡山羊毛。

〔註150〕持：《巴利律》作 haritabba，搬運、取走。

〔註151〕由旬：音譯詞。《巴利律》作 yojana，長度單位，約 14 公里；三由旬即約 42 公里。

3. 違犯輕重

如比丘，在路上行走，或在住處得到羊毛，有需要的應取去；如沒有人搬運，親自搬運最遠三由旬。

如有人搬運，應對那人說：「我現今有這些物品，當協助我搬運」，直至到達那地方，比丘途中不可幫助搬運；如幫助搬運，突吉羅。

如叫比丘尼，搬運過三由旬，突吉羅；如叫式叉摩那、沙彌、沙彌尼，搬運過三由旬，突吉羅。

除羊毛外，如搬運其他物品：拘遮羅，或乳葉草，或芻摩，或麻，或廁羅婆尼〔註152〕，搬運過三由旬，突吉羅；如另用杖棍擔起其他物品行走，亦突吉羅。

4. 淨施

（1）犯者捨衣

這尼薩耆應捨與僧眾，或眾多人，或一人，不應捨與別眾；如沒完成捨與，突吉羅。

捨與僧眾時，應走到僧眾中，偏露右肩、脫去革屣、向上座禮敬、右膝著地、合掌，這樣告白：「大德僧聽，我某甲比丘擔羊毛行過三由旬，犯捨墮。今捨與僧。」

捨與後應懺悔，面前接受懺悔的人，應告白：「大德僧聽，此某甲比丘擔羊毛行過三由旬，犯捨墮。今捨與僧。若僧時到，僧忍聽我受某甲比丘懺。白如是。」

這樣告白後接受懺悔，應對那比丘說：「自責汝心！」

比丘報說：「爾。」

（2）僧還羊毛

僧眾便應歸還那比丘羊毛，行「白二羯磨」，應這樣給他：僧眾中應差遣能主持羯磨者……如上文，這樣告白：

「大德僧聽，此某甲比丘，擔羊毛行過三由旬，犯捨墮。今捨與僧。若僧時到，僧忍聽還某甲比丘羊毛。白如是。」

「大德僧聽，此某甲比丘，擔羊毛行過三由旬，犯捨墮。今捨與僧。僧今持此羊毛還此比丘。誰諸長老忍僧持此羊毛還此比丘者，默然；誰不忍者，

〔註152〕廁羅婆尼：音譯詞。即「差羅波尼」，參看「波羅夷・盜戒第2」。

說。」

「僧已忍與某甲比丘羊毛竟，僧忍，默然故，是事如是持。」

（3）不還違犯

如比丘，在僧眾中捨與羊毛後，某甲不歸還，突吉羅；如又有人教唆不要歸還，突吉羅；或轉作淨施，或送與他人，或常常使用，全突吉羅。

（三）兼制

比丘尼、式叉摩那、沙彌、沙彌尼，突吉羅，這叫做犯。

（四）開緣

不犯：或搬運達三由旬，或少於三由旬；或有人替他搬運，開口請人搬運……乃至到某地途中沒有幫助擔起物品；叫比丘尼、式叉摩那、沙彌，或沙彌尼擔起走三由旬；或擔起毾莊〔註153〕、毾繩；或擔起的是頭毛、頸毛、腳毛；〔註154〕或用作帽，或用作攝熱巾，或裹革屣布，皆無犯。

十七、使非親尼浣染毛戒

提要：六群比丘取羊毛，令尼洗滌染色，摩訶波闍波提的手因而弄污。

（一）制戒因緣

1. 令尼浣染擘

那時，佛在釋翅瘦〔註155〕迦維羅衛尼拘律園。

這時，六群比丘取羊毛製新坐具，叫比丘尼洗滌、染色、擘開〔註156〕。

2. 尼弄污手

這時，摩訶波闍波提比丘尼為了染色，給染料弄污了手，前往到世尊之所，頭面禮足後，站在一旁。

這時，世尊明知故問：「瞿曇彌〔註157〕，為什麼你的手染了色，有如染師呢？」

摩訶波闍波提便稟告佛說：「六群比丘想製新坐具，拿羊毛來，叫我們洗滌、染色、擘開，所以弄污了手。」隨即頭面禮敬佛足，回到所住之處。

〔註153〕毾莊：〔宋元明〕〔宮〕作「毾裝」，風雨中披著的衣裝。按「莊、裝」音同。
〔註154〕頭毛、頸毛、腳毛比較粗糙，擔起不犯。
〔註155〕釋翅瘦：音譯詞。《巴利律》作 Sakka，釋迦族。
〔註156〕擘開：〔大〕原作「擘」。《巴利律》作 vijaṭāpentipi，鬆開。
〔註157〕瞿曇彌：音譯詞。《巴利律》作 Gotamī，摩訶波闍波提的姓氏。

3. 佛斥犯者

那時，世尊藉這因緣召集比丘僧眾，明知故問六群比丘：「你們確實製新坐具，叫比丘尼洗滌、染色、擘開嗎？」

六群比丘報說：「這是確實，世尊。」

世尊用無數方法呵責六群比丘說：「你們做錯了！不合威儀、不合沙門法、不是清淨的行為、不是隨順佛法的行為，都不應做。為什麼竟叫比丘尼洗滌、染色、擘開羊毛呢？」

（二）制戒內容

1. 佛初制戒

世尊用無數方法呵責他們後，告訴比丘們：「六群比丘，愚癡人啊！會引生多種有漏，最初犯本戒。從今以後，跟比丘們結戒，為了這十句義……乃至使正法得以久住，想說戒者，應這樣說：

若比丘，使比丘尼浣、染、擘羊毛者，尼薩耆波逸提。」

2. 修訂前制

世尊這樣跟比丘結戒後，比丘們各自有疑惑，不敢讓親里比丘尼洗滌、染色、擘開羊毛。

佛說：「聽許親里比丘尼，可以洗滌、染色、擘開羊毛；從今以後，跟比丘結戒：

若比丘，使非親里比丘尼浣、染、擘羊毛者，尼薩耆波逸提。」

3. 釋義

（1）比丘：意義如上文。

（2）非親里及親里：如上文。

4. 違犯輕重

如比丘，叫非親里比丘尼洗滌、染色、擘開羊毛，三尼薩耆波逸提。

如叫她洗滌、染色、擘開羊毛，而她洗滌、染色，而沒有擘開，二尼薩耆波逸提、一突吉羅。

叫她洗滌、染色、擘開羊毛，而她洗滌，沒有染色，而擘開，二尼薩耆波逸提、一突吉羅。

叫她洗滌、染色、擘開羊毛，而她沒有洗滌，而染色、擘開，二尼薩耆、一突吉羅。

叫她洗滌、染色、擘開羊毛，而她沒有洗滌、染色、擘開，三突吉羅。

叫非親里沙彌尼、式叉摩那洗滌、染色、擘開羊毛，突吉羅。

5. 淨施

（1）犯者捨衣

這些羊毛應捨與僧眾，或眾多人，或一人，不應捨與別眾；如沒完成捨與，突吉羅。

捨與時應走到僧眾中，偏露右肩、脫去革屣、向上座禮敬、右膝著地、合掌，這樣告白：「大德僧聽，我某甲比丘使非親里比丘尼浣、染、擘羊毛，犯捨墮。今捨與僧。」

捨與後應懺悔，面前接受懺悔的人，應告白：「大德僧聽，此某甲比丘，使非親里比丘尼浣染擘羊毛，犯捨墮。今捨與僧。若僧時到，僧忍聽我受此某甲比丘懺。白如是。」

告白後接受懺悔，應對那比丘說：「自責汝心！」

比丘報說：「爾。」

（2）僧還羊毛

僧眾便應歸還那比丘羊毛，行「白二羯磨」，應這樣給他：僧眾中應差遣能主持羯磨者……如上文，這樣告白：

「大德僧聽，此某甲比丘，使非親里比丘尼浣、染、擘羊毛，犯捨墮。今捨與僧。若僧時到，僧忍聽還此某甲比丘羊毛。白如是。」

「大德僧聽，此某甲比丘，使非親里比丘尼浣染擘羊毛，犯捨墮。今捨與僧。僧今持此羊毛還此比丘。誰諸長老忍僧持此羊毛還此比丘者，默然；誰不忍者，說。」

「僧已忍與彼某甲比丘羊毛竟，僧忍，默然故，是事如是持。」

（3）不還違犯

在僧眾中捨與羊毛後，某甲不歸還，突吉羅；如有人教唆不要歸還，突吉羅；或轉作淨施，或送與他人，或常常使用，或殘舊破爛，全突吉羅。

（三）兼制

比丘尼，突吉羅；式叉摩那、沙彌、沙彌尼，突吉羅，這叫做犯。

（四）開緣

不犯：叫親里比丘尼洗滌、染色、擘開，或為病人洗滌、染色、擘開，或

為眾僧、為佛、為塔洗滌、染色、擘開，不犯。

十八、畜錢寶戒

提要：跋難陀拿錢到市集寄存。

（一）制戒因緣

1. 為僧留肉

那時，佛在羅閱城耆闍崛山中。

這時，城內有一位大臣，跟跋難陀是親舊朋友。

大臣在另一時間，得到很多豬肉〔註158〕，便下令妻子：「跋難陀釋子是我的好友，給他留一份。」其妻子便給他留一份。

2. 子取肉

那時，是王舍城百姓的節日，演出各種歌舞音樂〔註159〕，徹夜不眠。

這時，大臣的兒子亦在其中，徹夜不眠，肚餓疲倦時，問其母親說：「有沒有剩肉呢？」

母親報說：「肉吃完了，唯有跋難陀釋子的那份肉仍在。」

兒子便給母親錢〔註160〕，說：「拿這些錢另外買肉給跋難陀，這些肉給我吃。」

母親便收下錢，給他豬肉。

3. 取錢代肉

跋難陀釋子在大清早，穿衣持鉢，拜訪大臣家，走到座位坐下。

這時，大臣的妻子說：「最近得到很多肉，長者下令我說：『跋難陀釋子是我舊好友，給他留一份』。我便聽從命令，為大德留一份肉。我兒子因為節日遊樂，徹夜不眠，肚餓疲倦時，來向我要肉吃，給我五錢，說：『另外買肉給跋難陀，這些肉給我吃』。我便給他。現今有這些錢，馬上給你買肉，大德可稍等一會。」

跋難陀問：「他是為了我而給你錢嗎？」

大臣妻答道：「是的。」

跋難陀說：「如是因為我，可給我錢，不需肉了。」

〔註158〕豬肉：《巴利律》作 maṃsa，鳥獸的肉。

〔註159〕歌舞音樂：〔大〕原作「伎樂」。

〔註160〕錢：《巴利律》作 kahāpaṇa，貨幣。

當時，她便把錢放在地上給與。〔註161〕

4. 勿捉金銀

那時，跋難陀得到這些錢後，拿去付託店鋪而離去。

居士們看見，都一同嫌惡他：「沙門釋子買賣財物，拿錢來存放於店鋪而離去。」

比丘們聽聞，其中少欲知足、行頭陀、喜好學戒、知慚愧者，嫌惡斥責跋難陀說：「為什麼親自拿錢存放於店鋪而離去呢？」

這時，王及大臣們集會，一同這樣說：「沙門釋子可以捉拿金銀或錢，毋須捨棄金、銀，或錢、珍寶、珠瓔〔註162〕、生像。」

當時，座中另有一大臣，名叫珠髻〔註163〕，便對大臣們說：「不要這樣說：『沙門釋子可以捉拿金、銀或錢，毋須捨棄珍寶、珠瓔』。為什麼？我親自聽過如來說：『沙門釋子不可捉拿金、銀或錢，要捨棄珍寶、珠瓔』。」

5. 確認大臣所說

那時，珠髻大臣威嚴而有氣勢，能言善道，令人歡喜和信解。他便前往拜訪世尊之所，頭面禮足，坐在一旁，把這因緣全部稟告世尊：「我剛才所說的，有沒有違背正法呢？」

佛告訴大臣：「你所說的，大大有益於正法，沒有違背。為什麼？沙門釋子不可捉拿金、銀或錢，應捨棄珍寶、珠瓔，不佩戴裝飾。你現今應知道，如可捉拿金、銀或錢，毋須捨棄珠瓔、珍寶，亦可享受五欲；如享受五欲，不合沙門釋子的正法。大臣，你現今應知道，如看見沙門釋子以我為師，而捉拿金、銀，或錢、珍寶，則可以肯定這並非沙門釋子的正法。我曾這樣說：『比丘如為了建屋，索求材、木、竹、草、樹皮，可以接受，不應為了自身而接受』。〔註164〕」

6. 四患

「大臣應知道，日、月有四種禍患：不明亮、不清淨、不能照明，又沒有威神〔註165〕。是哪四種呢？阿修羅、煙、雲、塵霧，是日、月的大患，如遇

〔註161〕大臣妻這樣做，是要避免跟跋難陀有肌膚接觸。

〔註162〕珠瓔：珍珠製的飾物。

〔註163〕珠髻：飾以珠絡的髮髻。

〔註164〕類近的話見於「僧殘·有主僧不處分房戒第7」，可參看。

〔註165〕威神：威勢勇猛。

上這些大患，日、月便不明亮、不清淨、不能照明，又沒有威神。沙門和婆羅門亦有四種禍患：不明亮、不清淨、不能照明，又沒有威神，亦是這樣。是哪四種呢？如沙門和婆羅門不捨離飲酒、不捨離婬欲、不捨離捉拿金銀、不捨離邪惡的活命方式，這叫沙門和婆羅門的四大禍患，能令沙門和婆羅門不明亮、不清淨、不能照明，又沒有威神。」

比丘們聽聞，其中少欲知足、行頭陀、喜好學戒、有慚愧者，嫌惡斥責跋難陀後，前往世尊之所，頭面作禮，坐在一旁，把這因緣全部稟告世尊。

7. 佛斥犯者

那時，世尊藉這因緣召集比丘僧眾，用無數方法怒聲斥責跋難陀：「你做錯了！不合威儀、不合沙門法、不是清淨的行為、不是隨順佛法的行為，都不應做。為什麼親自捉拿錢，存放於店鋪而離去呢？」

（二）制戒內容

1. 佛制戒

世尊怒聲斥責他後，告訴比丘們：「這愚癡人啊！會引生多種有漏，最初犯本戒。從今以後，跟比丘們結戒，為了這十句義……乃至使正法得以久住。想說戒者，應這樣說：

> 若比丘，自手捉〔註166〕錢、若金、銀，若教人捉、若置地〔註167〕受者〔註168〕，尼薩耆波逸提。」

2. 釋義

（1）比丘：意義如上文。

（2）錢：上有圖文、圖像者。

3. 淨施

（1）在家人代收

如比丘，親手捉拿金、銀或錢、叫人捉拿，或置放地上後拿去，〔註169〕尼薩耆波逸提。

這些應當捨與的，是金、銀或錢。

如比丘，有信樂的守園人或優婆塞，應對他說：「這是我所不應捉拿的，

〔註166〕捉：《巴利律》作 ugganhāpeyya，拿起、握住。

〔註167〕置地：《巴利律》作 upanikkhitta，就近放置。

〔註168〕若置地受者：《四分僧戒本》作「若口可受者」，意謂言說應許接受。

〔註169〕這意謂施主把錢財置放地上，讓比丘拿去。

你應當知道。」

（2）淨人保管及做交易

如那守園人或優婆塞取來，還給比丘，比丘應視作為了那人的財物而接受，囑咐淨人保管。

如守園人或優婆塞得到清淨〔註170〕的衣物、鉢、針筒、尼師檀，淨人應拿金、銀或錢去交換，比丘可以接受和持有。

（3）歸還布施

如那優婆塞取了金、銀或錢後，給比丘清淨的衣物、鉢，或尼師檀，或針筒，比丘應該接受和持有。

如優婆塞取了金、銀或錢後，不歸還布施物，應請其他比丘對他說：「佛有教導，為了清淨而交給你，應歸還那比丘布施物。」

如其他比丘說他不歸還，那比丘應親自前去對他說：「佛有教導，為了清淨而給你，你現今可給僧眾、給塔、給和尚、給同和尚、給阿闍梨、給同阿闍梨、給各親屬友好的比丘，或教他歸還施主。為什麼？因為不想令施主失卻布施機會罷了。」

如比丘，不對那優婆塞說：「知道這些、看見這些」，突吉羅。〔註171〕

（三）兼制

比丘尼，尼薩耆波逸提；式叉摩那、沙彌、沙彌尼，突吉羅，這叫做犯。

（四）開緣

不犯：如說道：「知道這些，看見這些」；如他有信樂的優婆塞、守園人，應對那人說：「這些錢財是我所不應捉拿的，你應知道」，如優婆塞接受後歸還比丘，比丘應視作為了他而接受和持有，交淨人保管。之後如得到清淨的衣、鉢、針筒、尼師檀，可拿去交換而持有。如那人取錢財後，給比丘清淨的衣、鉢，或坐具，或針筒，比丘應接受和持有。如那人不肯給衣，其他比丘應對他說：「佛有教導，為了清淨而交給你，應歸還那比丘布施物」。如那人不肯給，親自前去說：「佛教導比丘，為了清淨而給你，或給僧眾、給塔、給和尚、給同和尚、給阿闍梨、給同阿闍梨、給各親屬友好，或教示歸還原來的施主，因

〔註170〕這意謂衣物等物品的來源、物料、大小、顏色等都合規範。

〔註171〕知道這些，看見這些：〔大〕原作「知是、看是」。按比丘不能直接叫優婆塞收取錢財，須說「知是、看是」一類的暗示。

為不想令他失卻布施」。這樣全無犯。

十九、貿寶戒

提要：跋難陀憑交易金銀錢寶獲利。

（一）制戒因緣

1. 以錢易錢

那時，世尊在羅閱祇耆闍崛山中。

這時，跋難陀前往店鋪，用錢換錢並拿去。

居士們看見後，都譏議嫌惡說：「沙門釋子用錢換錢，善於買賣。」

比丘們聽聞了，其中少欲知足、行頭陀、喜好學戒、知慚愧者，嫌惡斥責跋難陀說：「為什麼用錢換錢並拿去呢？」

比丘們前往世尊之所，頭面禮足，坐在一旁，把這因緣全部稟告世尊。

2. 佛斥犯者

那時，世尊藉這因緣召集比丘僧眾，怒聲斥責跋難陀說：「你做錯了！不合威儀、不合沙門法、不是清淨的行為、不是隨順佛法的行為，都不應做。為什麼用錢換錢呢？」

（二）戒條內容

1. 佛制戒

世尊用無數方法怒聲斥責他後，告訴比丘們：「這愚癡人啊！會引生多種有漏，最初犯本戒。從今以後，跟比丘們結戒，為了這十句義……乃至使正法得以久住。想說戒，應這樣說：

若比丘！種種〔註172〕賣買寶物〔註173〕者，尼薩耆波逸提。」

2. 釋義

（1）比丘：意義如上文。

（2）種種賣買：用已鑄成〔註174〕的金交換已鑄成的金、交換未鑄成的金、交換已鑄成的與未鑄成的金、交換已鑄成的銀、交換未鑄成的銀、交換已鑄成的與未鑄成的銀、交換錢；用未鑄成的金交換已鑄成的金、交換未鑄成的

〔註172〕種種：《巴利律》作 nānappakāra，不同的、多樣的。

〔註173〕寶物：《巴利律》作 rūpiya，金銀、金錢。

〔註174〕已鑄成：〔大〕原作「已成」。《巴利律》作 kata，已作的、已實現的。

金、交換已鑄成的與未鑄成的金、交換已鑄成的銀、交換未鑄成的銀、交換已鑄成的與未鑄成的銀、交換錢；用已鑄成的與未鑄成的金交換已鑄成的金、交換未鑄成的金、交換已鑄成的與未鑄成的金、交換已鑄成的銀、交換未鑄成的銀、交換已鑄成的與未鑄成的銀、交換錢；用已鑄成的銀交換金……乃至交換錢幣，也是這樣；用未鑄成的銀交換金……乃至交換錢，也是這樣；用已鑄成的與未鑄成的銀交換金……乃至交換錢，也是這樣；用錢交換金……乃至交換錢，也是這樣。

（3）錢：有八種：金錢、銀錢、鐵錢、銅錢〔註175〕、白鑞〔註176〕錢、鉛錫錢、木錢〔註177〕、胡膠錢〔註178〕。

3. 淨施

（1）在家人代收

如比丘，有任何寶物買賣，用已鑄成的金交換已鑄成的金……乃至交換錢，尼薩耆波逸提。

這些應該捨與的，是寶物。

如比丘有守園人，或信樂的優婆塞，應對那人說：「這寶物是我所不應接受，你應該知道。」

（2）淨人保管及做交易

如那人收取後，歸還給比丘，比丘應視作為了那人而接受，囑咐淨人保管。

其後優婆塞如得到清淨的衣、鉢、坐具、針筒，淨人應拿去交換，比丘可以接受和持有。

如那優婆塞取了寶物後，給比丘清淨的衣、鉢、坐具、針筒，比丘應接受和持有。

（3）歸還布施

如那人取了寶物後不給比丘，應請其他比丘對他說：「佛有教導，為了清淨而把寶物交給你，應歸還那比丘布施物」。

如其他比丘說過，仍不歸還，那比丘應親自去說：「佛有教導，為了清淨而把寶物交與你，你現今可給僧眾，給塔，給和尚，給同和尚，給阿闍梨，給

〔註175〕 銅錢：《巴利律》作 lohamāsaka，銅幣。
〔註176〕 白鑞：合金一種。
〔註177〕 木錢：《巴利律》作 dārumāsaka，木錢。
〔註178〕 胡膠錢：《巴利律》作 jatumāsaka，樹脂錢。

同阿闍梨，給親屬友好的比丘，或歸還原來的施主。為什麼？因為不想令施主失卻布施機會。」

如比丘，不對優婆塞說：「看見這些，知道這些」，突吉羅。

（三）兼制

比丘尼，尼薩耆波逸提；式叉摩那、沙彌、沙彌尼，突吉羅，這叫做犯。

（四）開緣

不犯：如對那人說：「看見這些，知道這些」，有守園人、信樂的優婆塞，對他說：「這是我所不應持有的，你知道的」。如那優婆塞接受後歸還給比丘，比丘應視作為了那人而接受，交淨人保管。如優婆塞得到清淨的衣、鉢、坐具、針筒，淨人可拿去交換而持有。如那優婆塞接受寶物後，給比丘清淨的衣、鉢、坐具、針筒，比丘可以接受和持有。如那優婆塞接受寶物後不肯歸還布施物給比丘，比丘應請其他比丘對他說：「佛有教導，為了清淨而把寶物給你，你應歸還這比丘」。如不肯歸還，親自前去說：「佛有教導，為了清淨而把寶物給你，你應給僧眾、給塔、給和尚、給同和尚、給阿闍梨、給同阿闍梨、給親屬友好的比丘，或歸還原來的施主，為什麼？因為不想令他失卻布施」。如為了佛、法，給僧，用錢交換瓔珞飾具；或為了佛，給法，給僧，用瓔珞飾具交換錢，無犯。

二十、販賣戒

提要：跋難陀用生薑交易食物，又把舊衣洗濯，假冒是新衣與外道交換貴衣。

（一）制戒因緣

1. 薑換食物

那時，世尊在舍衛國祇樹給孤獨園。

這時，跋難陀釋子在拘薩羅國行走，前往一條無比丘住處的村落；入村後，拿生薑交換食物，進食後離去。

這時，舍利弗亦在拘薩羅國人間遊歷，到了無比丘住處的村落中；在時間到了，穿衣持鉢，入村乞食，逐漸到了販賣飯食的店家默站。

賣飯人看見後問道：「大德，想要什麼呢？」

舍利弗報說：「居士，我需要食物。」

那人說：「拿錢來。」

舍利弗報說：「居士，請勿這樣說，這是我們所不應做的。」

那人說：「先前跋難陀用生薑交換食物，進食後離去。大德，為什麼不應做呢？」

當時，舍利弗聽聞這番話後，慚愧無言；乞食後回到僧伽藍中，把這因緣告訴比丘們。

2. 騙換貴衣

那時，舍衛城有一外道，得到一貴價衣〔註179〕，自己心想念道：「我用這貴價衣做什麼呢？不如我現今用它來交換其他衣。」又想念道：「我應到哪裏交換衣呢？唯有沙門釋子喜歡穿美好之衣，他們必定能交換。」

他便拿衣到僧伽藍中，對比丘們說：「我想換出這衣，誰想交換的，就來一同交換。」

跋難陀看見後說：「你明天前來，當跟你交換衣。」

跋難陀善於打理衣，即在當夜洗滌、舂搗、整理〔註180〕舊衣，光潔如新。

那外道大清早拿衣到僧伽藍中，對比丘們說：「誰想交換衣呢？可一起交換。」

這時，跋難陀便出示衣，對外道說：「我給你這衣，你會給我你的衣嗎？」

外道報說：「給你。」

他們便交換衣。

3. 不還貴衣

外道得到衣後，回到所居住之園〔註181〕中，展示給外道們看，說：「當知道，我把穿過的衣交換得這衣。」

外道中有智慧的人對他說：「你被他欺騙了，為什麼？你所穿的衣簇新美好、闊大、牢固細密，這件卻只是舊衣，再加舂搗、整理，光潔如新罷了。」

這外道便拿衣回到僧伽藍中，對跋難陀說：「我歸還你衣，你也歸還我衣。」

跋難陀說：「已跟你完成交易，不可以互相歸還。」

外道說：「我的衣簇新美好、闊大、牢固細密，你的衣卻又破又舊，只是再加舂搗、縫補，光潔如新罷了。」

〔註179〕衣：《巴利律》作 paṭa，布料、外衣。

〔註180〕舂搗、整理：〔大〕原作「搗治」。

〔註181〕園：《巴利律》作 ārāma，園林、公園。

跋難陀答道：「我已交換了，怎樣都不歸還。」

那外道譏議嫌惡說：「原本就是我的衣，來索取也得不到嗎？我的衣簇新美好、闊大、牢固細密，你的衣卻又破又舊。為什麼都是出家人，一起交換衣後，不肯歸還和反悔呢？」

比丘們聽聞，其中少欲知足、行頭陀、喜好學戒、知慚愧者，嫌惡斥責跋難陀：「為什麼用生薑交換食物，又跟外道交換衣而不聽許人反悔呢？」

比丘們前往到世尊之所，頭面禮足，坐在一旁，把這因緣全部稟告世尊。

4. 佛斥犯者

那時，世尊藉這因緣召集比丘們，怒聲斥責跋難陀說：「你做錯了！不合威儀、不合沙門法、不是清淨的行為、不是隨順佛法的行為，都不應做。為什麼用生薑交換食物吃，跟外道交換衣而不聽許人反悔呢？」

（二）制戒內容

1. 佛制戒

世尊用無數方法怒聲斥責他後，告訴比丘們：「從今以後，聽許五眾出家人〔註182〕互相交換物品，應各自審定價值，不應討價還價，像在市集交易；跟其他人不得交換物品，應囑咐淨人代為交換；如對方反悔，讓他拿回物品。從今以後，跟比丘們結戒，為了這十句義……乃至使正法得以久住。想說戒者，應這樣說：

　　若比丘，種種販賣〔註183〕，尼薩耆波逸提。」

2. 釋義

（1）比丘：意義如上文。

（2）種種販賣：用時藥〔註184〕交換時藥，用時藥交換非時藥〔註185〕，用時藥交換七日藥〔註186〕，用時藥交換盡形壽藥〔註187〕，用時藥交換波利迦

〔註182〕五眾出家人：比丘、比丘尼、沙彌、沙彌尼、式叉摩那。

〔註183〕販賣：《巴利律》作 kayavikkaya，買賣、貿易。

〔註184〕時藥：〔大〕原作「時」，「時藥」的簡稱。從清晨至中午前，允許進食，稱「時」；這時段可食者，稱「時藥」。

〔註185〕非時藥：〔大〕原作「非時」，「非時藥」的簡稱。從中午至第二天清晨，不許食「時藥」，稱「非時」；但如遇患病等障難，可在這段時間進食，稱「非時藥」。

〔註186〕七日藥：〔大〕原作「七日」，「七日藥」的簡稱。如比丘病較重，可延續治療，於七日內服藥，故名。

〔註187〕盡形壽藥：〔大〕原作「盡形壽」，「盡形壽藥」的簡稱。如比丘病患時隱時現，或纏綿延久，而這類藥力量稍遜，可長期以至終身服用，故名。

羅衣；用非時藥交換非時藥，用非時藥交換七日藥，用非時藥交換盡形壽藥，用非時藥交換波利迦羅衣，用非時藥交換時藥；用七日藥交換七日藥，用七日藥交換時藥……乃至交換非時藥，也是這樣；用盡形壽藥交換盡形壽藥……乃至交換七日藥，也是這樣；用波利迦羅衣交換波利迦羅衣……乃至交換盡形壽藥，也是這樣。〔註188〕

（3）賣：價值一錢，但商議價值高低。

（4）增賣：價值一錢，而說價值三錢。

（5）重增賣：價值一錢，而說價值五錢。

（6）買：同上這樣。

3. 違犯輕重

如比丘，用各種方式買賣財物，尼薩耆波逸提；不得，突吉羅。

4. 淨施

（1）犯者捨財物

這尼薩耆應捨與僧眾，或眾多人，或一人，不應捨與別眾；如沒完成捨與，突吉羅。

捨與時，應走到僧眾中，偏露右肩、脫去革屣、向上座禮敬、右膝著地、合掌，這樣告白：「大德僧聽，我某甲比丘，種種販賣得財物，犯捨墮。今捨與僧。」

捨與後應懺悔。面前接受懺悔的人，應這樣告白：「大德僧聽，此某甲比丘，種種販賣得財物，犯捨墮。今捨與僧。若僧時到，僧忍聽我受某甲比丘懺。白如是。」

這樣告白後接受懺悔，應對他說：「自責汝心！」

那比丘報說：「爾。」

（2）僧還財物

僧眾便應歸還那比丘財物，行「白二羯磨」，這樣給他：僧眾中應差遣能主持羯磨者，這樣告白：

「大德僧聽，此某甲比丘，種種販賣，犯捨墮。今捨與僧。若僧時到，僧忍聽還彼某甲比丘物。白如是。」

〔註188〕《巴利律》列出販賣的物品不止於藥食，還有：衣服、施食、住處、病人的需要物、醫藥必需品、粉藥塊、齒木、邊緣脫落的線。

「大德僧聽，此某甲比丘，種種販賣得財物，犯捨墮。今捨與僧。僧今持此物還此比丘。誰諸長老忍僧持此物還此比丘者，默然；誰不忍者，說。」

「僧已忍與彼比丘物竟，僧忍，默然故，是事如是持。」

（3）不還違犯

如在僧眾中捨與財物後，某甲不歸還，突吉羅；如歸還時有人教唆說：「不要歸還」，突吉羅；或轉作淨施，或送與他人，或殘舊破爛，或常常使用，或拿來作其他用途，全突吉羅。

（三）兼制

比丘尼，尼薩耆波逸提；式叉摩那、沙彌、沙彌尼，突吉羅。

（四）開緣

不犯：跟五眾出家人交易，各自審定價值，不應討價還價，像在市集交易；不跟餘人交易；或囑咐淨人代為交易，或對方反悔應歸還物品；或用酥交換油、用油交換酥，無犯。

二十一、畜長鉢過限戒

提要：六群比丘收蓄大量好鉢，摒棄劣鉢。

（一）制戒因緣

1. 六群多蓄鉢

那時，佛在舍衛國祇樹給孤獨園。

這時，六群比丘收蓄鉢，好鉢才捉拿，不好的置放一邊；這樣常常張羅好鉢，收蓄的鉢便甚多。

這時，有居士們到僧房觀看，看見六群比丘收蓄多鉢，看見後都譏議嫌惡說：「沙門釋子，貪欲無厭，不知慚愧，向外自稱說：『我知道正法』，這樣何來有正法呢？竟收蓄這麼多的鉢，像陶器師賣瓦器的店鋪。」

比丘們聽聞，其中少欲知足、行頭陀、喜好學戒、知慚愧者，嫌惡斥責六群比丘說：「為什麼收蓄鉢，好鉢才接受，不好的便放在一邊，常常張羅好鉢，以致收蓄的鉢甚多呢？」

比丘們前往世尊之所，頭面禮足，坐在一旁，把這因緣全部稟告世尊。

2. 佛斥犯者

那時，世尊藉這因緣召集比丘僧眾，怒聲斥責跋難陀說：「你做錯了！不

合威儀、不合沙門法、不是清淨的行為、不是隨順佛法的行為，都不應做。為什麼收蓄鉢，好鉢才接受，不好的置放一邊，常常張羅好鉢，以致收蓄的鉢甚多呢？」

（二）制戒內容

1. 佛初制戒

世尊用無數方法怒聲斥責他後，告訴比丘們：「跋難陀，愚癡人啊！會引生多種有漏，最初犯本戒。從今以後，跟比丘們結戒，為了這十句義⋯⋯乃至使正法得以久住。想說戒者，應這樣說：

若比丘，畜長鉢，尼薩耆波逸提。」〔註189〕

這樣世尊跟比丘結戒。

2. 迦葉未能受鉢

那時，阿難得到蘇摩〔註190〕國的貴價鉢，想給大迦葉，因為迦葉常常收蓄這國的鉢，但迦葉不在，這樣想念：「世尊跟比丘結戒：『若比丘，畜長鉢者，尼薩耆波逸提』。我現今得蘇摩國的貴價鉢，想給大迦葉，但他不在，不知怎麼辦呢？」

這時，阿難前往世尊之所，頭面禮足，站在一旁，稟告佛說：「世尊，世尊跟比丘制戒：『若比丘，畜長鉢者，尼薩耆波逸提』。我現今得蘇摩國的貴價鉢，想給大迦葉，但他不在，不知怎麼辦呢？」

佛問阿難：「大迦葉還有多少天才回來呢？」

阿難稟告佛說：「之後十天當回來。」

3. 修訂前制

當時，世尊藉這因緣召集比丘僧眾，隨順他們說法，用無數方法讚歎頭陀為行為嚴整、少欲知足、喜好出離世間者，告訴比丘們：「從今以後，聽許比丘們收蓄多出的鉢，直至十日；應這樣說戒：

若比丘，畜長鉢，不淨施，得齊十日；過者，尼薩耆波逸提。」

4. 釋義

（1）比丘：意義如上文。

〔註189〕一般來說，比丘只可有一鉢，第二鉢以上便是「長鉢」。
〔註190〕蘇摩：音譯詞。巴利語 Sumeru，意譯「妙高」，或即今喜馬拉雅山。本律〈雜犍度〉記佛在蘇摩國遊行，當地有信奉佛法的陶師，佛親自指導做鉢；陶師依佛的指示，製成上好的蘇摩鉢，送與比丘，佛聽許收蓄。

（2）鉢：有六種：鐵鉢、蘇摩國鉢、烏伽羅〔註191〕國鉢、憂伽睒〔註192〕國鉢、黑鉢、紅鉢。又可大分兩種：鐵鉢和泥鉢。大的三斗，小的一斗半，這是鉢的容量。這樣應當捉拿，應行淨施。

5. 違犯的不同情況

（1）蓄逾十日

如比丘，第一日得鉢……乃至第十日得鉢；收蓄至第十一日曙光初出時，那十日中所得鉢，皆尼薩耆波逸提。

如比丘，一日得鉢、第二日不得、第三日得、第四日得……這樣乃至第十日得鉢；到第十一日曙光初出時，那九日中所得鉢，皆尼薩耆波逸提。

如比丘，第一日得鉢、第二日得、第三日不得……（這樣日子逐日向後移……乃至第十日不得鉢，所造句亦如上文）。

如比丘，第一日得鉢、第二日和第三日不得、第四日得……乃至第十日得鉢；到第十一日曙光初出時，那八日中所得鉢，皆尼薩耆〔註193〕。

如比丘，第一日得鉢、第二日得鉢、第三日和第四日不得、第五日得鉢……（這樣日子逐日向後移……乃至第九日和第十日不得鉢，所造句亦如上文）。

如比丘，第一日得鉢，第二日、第三日和第四日不得鉢、第五日得鉢……乃至第十日得鉢；到第十一日曙光初出時，那七日中所得鉢，皆尼薩耆。

如比丘，第一日得鉢、第二日得鉢，第三日、第四日和第五日不得鉢……（這樣日子逐日向後移……乃至第八日、第九日和第十日不得鉢，所造句亦如上文）。

如比丘，第一日得鉢，第二日、第三日、第四日和第五日不得鉢，第六日得鉢……乃至第十日得鉢；到第十一日曙光初出時，那六日中所得鉢，皆尼薩耆。

如比丘，第一日得鉢、第二日得，第三日、第四日、第五日和第六日不得鉢……（這樣日子逐日向後移……乃至第七日、第八日、第九日和第十日不得鉢，所造句亦如上文）。

如比丘，第一日得鉢，第二日、第三日、第四日、第五日和第六日不得鉢，

〔註191〕烏伽羅：音譯詞。巴利語 Ukkaṭṭha，位於拘薩羅國。
〔註192〕憂伽睒：音譯詞。巴利語 Ukkacelā，意譯「神祇」；位於跋耆國、恒河邊。
〔註193〕按在上列兩種情況，十日內所得鉢，至第十一日，全要捨與（尼薩耆），得者犯墮罪（波逸提）；但在其後的不同情況，律文僅言「尼薩耆」，省去「波逸提」，應是譯寫的省略，非無墮罪。

第七日得鉢……乃至第十日得鉢；到第十一日曙光初出時，那五日中所得鉢，皆尼薩耆。

如比丘，第一日得鉢，第二日得，第三日、第四日、第五日、第六日和第七日不得鉢，第八日得鉢……（這樣日子逐日向後移……乃至第六日、第七日、第八日、第九日和第十日不得鉢，所造句亦如上文）。

如比丘，第一日得鉢，第二日、第三日、第四日、第五日、第六日和第七日不得鉢，第八日得鉢……乃至第十日得鉢；到第十一日曙光初出時，那四日中所得鉢，皆尼薩耆。

如比丘，第一日得到鉢，第二日得，第三日、第四日、第五日、第六日、第七日和第八日不得鉢……（這樣日子逐日向後移……乃至第五日、第六日、第七日、第八日、第九日和第十日不得鉢，所造句亦如上文）。

如比丘，第一日得鉢，第二日、第三日、第四日、第五日、第六日、第七日和第八日不得鉢，第九日和第十日得鉢；那三日中所得鉢，到第十一日曙光初出時，皆尼薩耆。

如比丘，第一日得鉢，第二日得鉢，第三日、第四日、第五日、第六日、第七日、第八日和第九日不得鉢……（這樣日子逐日向後移……乃至第四日、第五日、第六日、第七日、第八日、第九日和第十日不得鉢，所造句亦如上文）。

如比丘，第一日得鉢，第二日、第三日、第四日、第五日、第六日、第七日、第八日和第九日不得鉢，第十日得鉢；到第十一日曙光初出時，那兩日中所得鉢，皆尼薩耆。

如比丘，第一日得鉢，第二日得，第三日、第四日、第五日、第六日、第七日、第八日、第九日和第十日不得鉢……（這樣日子逐日向後移……乃至第三日、第四日、第五日、第六日、第七日、第八日、第九日和第十日不得鉢，所造句亦如上文）。

如比丘，第一日得鉢，第二日、第三日、第四日、第五日、第六日、第七日、第八日、第九日和第十日不得鉢；到第十一日曙光初出時，那一日中所得鉢，皆尼薩耆。

（2）不淨施

如比丘，第一日得鉢而不淨施、第二日得而淨施、第三日得鉢……乃至第十日得鉢而不淨施；到第十一日曙光初出時，那九日中所得鉢，皆尼薩耆。

如比丘，第一日得鉢、第二日得鉢而不淨施、第三日得鉢而淨施、第四日

得鉢而不淨施……（這樣日子逐日向後移……乃至第十日得鉢而不淨施、淨施，所造句亦如上文）。

（3）其他六種違犯

這樣，送與他人（句子亦如上文），或遺失（句子亦如上文），或殘舊破爛（句子亦如上文），或用作非鉢（句子亦如上文），或以為是親友比丘的意思而取（句子亦如上文），或忘記（句子亦如上文），皆尼薩耆。

（4）雙重違犯

如犯尼薩耆，沒有捨與鉢，再交換其他鉢，一尼薩耆波逸提、一突吉羅。

6. 淨施

（1）犯者捨鉢

這尼薩耆鉢應捨與僧眾，或眾多人，或一人，不可捨與別眾；如沒完成捨與，突吉羅。

捨與時，應走到僧眾中，偏露右肩、脫去革屣、向上座禮敬、右膝著地、合掌，這樣告白：「大德僧聽，我某甲比丘，畜長鉢過十日，犯捨墮。今捨與僧。」

他捨與後應懺悔。面前接受懺悔的人，應這樣告白：「大德僧聽，此某甲比丘，畜長鉢過十日，犯捨墮。今捨與僧。若僧時到，僧忍聽我受此某甲比丘懺。白如是。」

這樣告白後接受他的懺悔，應對那比丘說：「自責汝心！」

比丘報說：「爾。」

（2）僧還鉢

僧眾便應歸還那比丘鉢，行「白二羯磨」，應這樣給他：僧眾中應差遣能主持羯磨者……如上文，這樣告白：

「大德僧聽，此某甲比丘，畜長鉢過十日，犯捨墮。今捨與僧。若僧時到，僧忍聽還此某甲比丘鉢。白如是。」

「大德僧聽，此某甲比丘，畜長鉢過十日，犯捨墮。今捨與僧。僧今還此某甲比丘鉢。誰諸長老忍僧還此某甲比丘鉢者，默然；誰不忍者，說。」

「僧已忍還此某甲比丘鉢竟，僧忍，默然故，是事如是持。」

（3）不還違犯

如在僧眾中捨與鉢後，某甲不歸還，突吉羅；如有人教唆說：「不要歸還」，突吉羅；或轉作淨施，或送與他人，或殘舊破爛，或用作非鉢，或常常使用，

全突吉羅。

（三）兼制

比丘尼，尼薩耆波逸提；式叉摩那、沙彌、沙彌尼，突吉羅。

（四）開緣

不犯：在十日內如淨施，或送與他人，或有被搶劫奪去的想法，或有遺失的想法，或有破爛的想法，或有漂走的想法，不犯。

或鉢被奪去，或鉢遺失，或鉢燒毀，或鉢漂走，而取用其他鉢；或用他人所給者；受託付鉢的比丘死去，或遠行，或還俗，或被賊搶掠，或遭逢猛獸而遇害，或被水漂走，而沒有送與他人，不犯。

二十二、乞鉢戒

提要：跋難陀之鉢破爛，向多人乞新鉢，受蓄多鉢。

（一）制戒因緣

1. 多索鉢

那時，世尊在舍衛國祇樹給孤獨園。

這時，跋難陀釋子的鉢破爛了，進入舍衛城對居士說：「你知道嗎？我的鉢破爛了，請你為我籌辦。」

這時，那居士便買鉢給他。

跋難陀又到其他居士家中說：「我的鉢破爛了，請你為我籌辦。」

那些居士便買鉢給他；他一個鉢破爛了，卻要求多個鉢，收蓄起來。

2. 居士揭發

那時，居士們在另一時間在一處聚集起來。

有一居士對居士們說：「我現今獲福無量啊！」

居士們問：「為什麼獲福無量呢？」

他回答說：「尊者跋難陀的鉢破爛了，我買鉢給他，所以獲福無量。」

居士們都各自說：「我們亦得福無量。」

其他居士問：「你們因為什麼事得福無量呢？」

居士們答道：「跋難陀的鉢破爛了，我們都買鉢給他。」

居士們都譏議嫌惡說：「沙門釋子，不知慚愧、貪欲無厭，向外自稱說：『我知道正法』，這樣何來有正法呢？一個鉢破爛了，卻要求多個鉢，收蓄起

來。檀越雖然樂於布施，但接受者也應知足。」

比丘們聽聞，其中少欲知足、行頭陀、喜好學戒、知慚愧者，嫌惡斥責跋難陀說：「為什麼你一個鉢破爛了，卻要求多個鉢，收蓄起來呢？」

比丘們前往世尊之所，頭面禮足，坐在一旁，把這因緣全部稟告世尊。

3. 佛斥犯者

那時，世尊藉這因緣召集比丘們，怒聲斥責跋難陀：「你做錯了！不合威儀、不合沙門法、不是清淨的行為、不是隨順佛法的行為，都不應做。為什麼一個鉢破爛了，卻要求多個鉢，收蓄起來呢？」

（二）制戒內容

1. 佛制戒

世尊用無數方法怒聲斥責他後，告訴比丘們：「這跋難陀，愚癡人啊！會引生多種有漏，最初犯本戒。從今以後，跟比丘們結戒，為了這十句義……乃至使正法得以久住。想說戒者，應這樣說：

若比丘，畜鉢，減五綴〔註194〕、不漏，更求新鉢，為好故，尼薩耆波逸提；彼比丘應往僧中捨，展轉取最下〔註195〕鉢，與之令持……乃至破應持，此是時〔註196〕。」

2. 釋義

（1）比丘：意義如上文。

（2）五綴：兩指間的距離為一綴。

3. 違犯輕重

如比丘的鉢，破裂少於五綴，沒有漏水，卻另求新鉢，尼薩耆波逸提。

如破裂足五綴，而沒有漏水，另求新鉢，突吉羅。

4. 長鉢的處理

（1）犯者捨鉢

這尼薩耆應捨與僧眾，捨與者在其住處的僧眾中捨與。他應走到僧眾中，偏露右肩、脫去革屣、向上座禮敬、右膝著地、合掌，這樣告白：「大德僧聽，我某甲比丘，鉢破，減五綴、不漏，更求新鉢，犯捨墮。今捨與僧。」

〔註194〕綴：縫補。《巴利律》作 bandhana，繫縛、接縫。「綴」，即二指面闊的裂痕，五綴即十指，約 18 厘米。

〔註195〕最下：《巴利律》作 pariyanta，末端、邊緣。

〔註196〕此是時：《巴利律》作 tattha，在那時。

捨與後應該懺悔。面前接受懺悔的人應告白：「大德僧聽，此某甲比丘，鉢破，減五綴、不漏，更求新鉢，犯捨墮。今捨與僧。若僧時到，僧忍聽我受此某甲比丘懺。白如是。」

這樣告白後接受他的懺悔，應對那人說：「自責汝心！」

那比丘答道：「爾。」

（2）僧另給鉢

這比丘的鉢如昂貴美好，應留下放置一邊，另取一個最下等和最不堪的給他；應行「白二羯磨」，這樣給他：僧眾中應差遣能主持羯磨者……如上文。這樣告白：

「大德僧聽，此某甲比丘，鉢破，減五綴、不漏，更求新鉢，犯捨墮。今捨與僧。若僧時到，僧忍聽與此某甲比丘鉢。白如是。」

「大德僧聽，此某甲比丘，鉢破，減五綴、不漏，更求新鉢，犯捨墮。今捨與僧。僧今與此某甲比丘鉢。誰諸長老忍僧與此某甲比丘鉢者，默然；誰不忍者，說。」

「僧已忍與此某甲比丘鉢竟，僧忍，默然故，是事如是持。」

（3）好鉢的分配

那比丘的鉢，應在告白後請問眾僧，這樣告白：「大德僧聽，若僧時到，僧忍聽以此鉢次第問上座。白如是。」

這樣告白後，應拿好鉢給上座；如上座想取去這鉢就給他，上座的鉢則應給次座。

如上座把自己的鉢給那比丘，那比丘應取去，不應為了護持僧眾而不取，亦不應因此而接受和持有最下等的鉢；〔註197〕如接受了，突吉羅。

如第二上座取去這好鉢，第二上座的鉢應給第三上座。

如第二上座把自己的鉢給那比丘，那比丘便應接受，不應為了護持僧眾而不取，亦不應因此而接受最下等的鉢；如接受了，突吉羅。

這樣輾轉把鉢傳遞……乃至下座。

（4）僧還鉢

或把這比丘的鉢歸還這比丘，或拿最下座的鉢給他，給時應行「白二羯磨」，應這樣給他：僧眾中應差遣能主持羯磨者……如上文，這樣告白：

〔註197〕這表示應取便取，不應為了讓給其他僧眾而不取，也不應一直禮讓，以至要拿最劣之鉢。

「大德僧聽，若僧時到，僧忍聽僧今以此最下座鉢，與某甲比丘受持……乃至破。白如是。」

「大德僧聽，僧今以此最下座鉢，與某甲比丘受持……乃至破。誰諸長老忍僧與此比丘鉢者，默然；誰不忍者，說。」

「僧已忍與此比丘鉢竟，僧忍，默然故，是事如是持。」

（5）鉢之守護

那比丘，要守護這鉢，不可放在瓦、石會墜下之處、不可放置及倚靠於杖下，以及不可放置及倚靠於刀下、不可放在懸掛的物品下、不可放在道路上、不可放在石上、不可放在果樹下、不可放在不平坦的地上。

比丘不可用一隻手拿著兩個鉢，用手指在中間隔開者除外；不可用一隻手拿著兩個鉢去開門，專心者除外。

不可放在門檻內、戶下，不可放鉢在繩床或木床下，暫放者除外；不可放在繩床和木床之間，不可放在繩床和木床上的一角，暫放者除外；不可站立搖動鉢……乃至腳踢，令鉢破爛。

那比丘，不應故意破壞鉢，不應故意令鉢遺失；如殘舊破爛，不應作非鉢用。

（6）不還違犯

在僧眾中捨與鉢後，某甲不歸還，突吉羅；如教唆人不要歸還，突吉羅；或用作淨施，或送與他人，或故意遺失，或殘舊破爛，或作鉢以外的用途，或常常使用，全突吉羅。

（三）兼制

比丘尼，尼薩耆波逸提；式叉摩那、沙彌、沙彌尼，突吉羅。

（四）開緣

不犯：破裂五綴而漏水，或破裂少於五綴仍漏水，而另求新鉢；或向親里索求，或向出家人索求，或為他人索求、他人為自己索求，或沒有要求而得者，或施鉢與僧眾時順次得者，或自己有錢買來收蓄，全不犯。

二十三、自乞縷使非親織戒〔註198〕

提要：跋難陀多乞縷線，並監視織師製三衣。

〔註198〕《巴利律》作第 26 戒。

（一）制戒因緣

1. 多索線

那時，世尊在舍衛國祇樹給孤獨園。

這時，跋難陀釋子想縫製僧伽梨，入城到居士們家中說：「你現今知道嗎？我想縫製僧伽梨，需要線。」居士便給他線。

他再前往其他居士家中說：「我想縫製僧伽梨，需要線。」這樣處處乞求，得到許多線。

他這樣想念道：「我可以在其他時間在其他地方索取線來縫製僧伽梨。比丘衣服難得，應籌辦三衣，現今我不如拿這些線請織師〔註199〕織造三衣。」

他便拿線前去交給織師，他親手操作紡車〔註200〕，親自觀看織布。

居士們看見後，譏議嫌惡說：「你們看看這跋難陀，竟親手操作紡車，親自觀看織布師織造三衣。」

比丘們聽聞，其中少欲知足、行頭陀、喜好學戒、知慚愧者，嫌惡斥責跋難陀說：「為什麼乞求許多線，請織師織造三衣，自己親手操作紡車，親自觀看織布師織造呢？」

比丘們前往世尊之所，頭面禮足，坐在一旁，把這因緣全部稟告世尊。

2. 佛斥犯者

那時，世尊藉這因緣召集比丘僧眾，怒聲斥責跋難陀：「你做錯了！不合威儀、不合沙門法、不是清淨的行為、不是隨順佛法的行為，都不應做。為什麼乞求許多線，自己親手操作紡車，親自觀看織師織造三衣呢？」

（二）制戒內容

1. 佛制戒

世尊用無數方法怒聲斥責他後，告訴比丘們：「這愚癡人啊！會引生多種有漏，最初犯本戒。從今以後，跟比丘們結戒，為了這十句義……乃至使正法得以久住。想說戒者，應這樣說：

若比丘，自乞縷線，使非親里織師織作衣者，尼薩耆波逸提。」

2. 釋義

（1）比丘：意義如上文。

〔註199〕織師：《巴利律》作 tantavāya，織布者。

〔註200〕紡車：〔大〕原作「纑」。

（2）自乞：到處親自乞求。

（3）縷線：有十種，如上文十種僧衣的線。

3. 非親里即犯

織師非親里、給線者非親里；如非親里，便犯。

織師非親里，給線者或親里，或非親里；如非親里，便犯。

織師非親里、給線者是親里；如非親里，便犯。

或織師是親里，或非親里，給線者非親里；如非親里，便犯。

或織師是親里，或非親里，給線者或親里，或非親里；如非親里，便犯。

或織師是親里，或非親里，給線者是親里；如非親里，便犯。

織師是親里、給線者非親里；如非親里，便犯。

織師是親里，給線者或親里，或非親里；如非親里，便犯。

4. 違犯輕重

如比丘，親自乞求線，請織師織造衣服，犯捨墮。

如觀看織造、親自織造，或親自操作紡車，全突吉羅。

5. 淨施

（1）犯者捨衣

這尼薩耆應捨與僧眾，或眾多人，或一人，不可捨與別眾；如沒完成捨與，突吉羅。

捨與時應走到僧眾中，偏露右肩、脫去革屣、向上座禮敬、右膝著地、合掌，這樣告白：「大德僧聽，我某甲比丘，自多乞縷線，使織師織作衣，犯捨墮。今捨與僧。」

捨與後應懺悔，面前接受懺悔的人，應這樣告白：「大德僧聽，此某甲比丘，自多求線，使織師織作衣，犯捨墮。今捨與僧。若僧時到，僧忍聽我受此比丘懺。白如是。」

告白後應接受懺悔，應對那比丘說：「自責汝心！」

比丘答道：「爾。」

（2）僧還衣

僧眾便應歸還這比丘衣服，行「白二羯磨」，應這樣給他：僧眾中應差遣能主持羯磨者……如上文，這樣告白：

「大德僧聽，此某甲比丘，多求線使非親里織師織作衣，犯捨墮。今捨與僧。若僧時到，僧忍聽僧今還此比丘衣。白如是。」

「大德僧聽，此某甲比丘，多求線使非親里織師織作衣，犯捨墮。今捨與僧。僧今還此某甲比丘衣。誰諸長老忍僧還此某甲比丘衣者，默然；誰不忍者，說。」

「僧已忍還彼某甲比丘衣竟，僧忍，默然故，是事如是持。」

（3）不還違犯

在僧眾中捨與衣服後，某甲不歸還，突吉羅；如有人教唆說不要歸還，突吉羅；或轉作淨施，或送與他人，或自己用作三衣，或用作波利迦羅衣，或破爛，或燒毀，或用作非衣，或常常穿著，全突吉羅。

（三）兼制

比丘尼，尼薩耆波逸提；式叉摩那、沙彌、沙彌尼，突吉羅。

（四）開緣

不犯：織師是親里，給線者是親里，或親自織製鉢袋、革屣袋、針氈，或製禪帶〔註201〕，或製腰帶〔註202〕，或製帽，或製襪〔註203〕，或製攝熱巾、裹革屣布，無犯。

二十四、勸織師增衣縷戒〔註204〕

提要：跋難陀向居士多索取好線及給織師增加衣價製衣。

（一）制戒因緣

1. 居士製衣

那時，世尊在舍衛國祇樹給孤獨園。

這時，舍衛城中有一居士，是跋難陀釋子的親屬友好，拿出好線，請織師織製如此這般的衣給跋難陀。他把線交織師後，前去其他村落。

2. 想要好衣

那時，那織師來到僧伽藍中，對跋難陀釋子說：「大德，前所未有，你是有福德的人啊！」

跋難陀問：「因什麼事知道我是有福德的人呢？」

〔註201〕禪帶：坐禪時纏於腰間之帶，防腹部受涼。
〔註202〕腰帶：《巴利律》作 kāyabandhana，腰帶。
〔註203〕襪：〔大〕〔麗〕作「袜」，今依〔金〕，另參照本篇「黑毛臥具戒第12、白毛臥具戒第13」。
〔註204〕《巴利律》作第27戒。

織師答道：「某甲居士拿這些線給我，說：『跋難陀釋子是我親屬好友，為我織製如此這般的衣給他』。由此知道大德是有福德的人。」

跋難陀又問：「這是確實嗎？」

織〔註205〕師報說：「這是確實。」

跋難陀說：「如想為我織製衣，要闊大精美，織製牢固細緻，適合我接受和持有；如不適合我接受和持有，不是我所需要的。」

織師報說：「如同大德所說，這些線就太少了，不夠做成衣。」

跋難陀報說：「你只管織製，我會再索求線補足。」

3. 增線增價

那時，跋難陀在大清早，穿衣持鉢，到居士家中，走到座位坐下，對居士的妻子說：「居士先前拿線交給織師，為我織衣，現在線太少，不足夠。」

這時，居士的妻子便拿出線箱，放在他面前，說：「多少隨意取去。」

這時，跋難陀便任意揀取好線，拿著前往到織師家中說：「我已得到這些線，可為我織成衣。」

織師報說：「如同大德現今所織之衣，給我的工錢就太少了。」

跋難陀報說：「只管為我織製，我將再給你工錢。」

當時，織師製成衣後，便送交居士的妻子。

4. 跋難陀索衣

那時，居士從其他地方遠行回來，問其妻子說：「我先前把線給織師，為跋難陀織衣，現今織好了嗎？」

其妻子報說：「所織衣已完成了，現已在這裏。」

居士說：「拿出衣來看看。」

妻子便開箱拿出衣給他看，居士對妻子說：「這衣並非我先前下令織的。」

妻子答道：「就是這衣啊！」

居士說：「如同先前我給的線，下令人織造的衣，並非這一件。」

這時，妻子便全部說出因緣，居士與妻子一同攤開衣察看。

這時，跋難陀釋子即來到居士家中，問居士說：「先前為我織製的衣，就是這一件嗎？」

居士報說：「是。」

〔註205〕織：〔大〕作「識」，今依〔麗〕〔金〕。下文還有同樣情況，不贅注出。

跋難陀說：「如是這一件，便可給我。」

5. 居士譏嫌

居士便譏議嫌惡說：「沙門釋子接受和收取施捨，都不滿足、不知慚愧，向外自稱說：『我知道正法』，這樣何來有正法呢？向人乞求衣，布施者雖樂於施捨，但接受者也應知足……乃至在屏蔽之處，也不可向人乞求。」

這時，乞食比丘聽聞這番話後，嫌惡斥責跋難陀釋子說：「為什麼貪心向他人乞求衣呢？」嫌惡斥責他後，回到僧伽藍中，把這因緣告訴比丘們。

比丘們聽聞，其中少欲知足、行頭陀、喜好學戒、知慚愧者，嫌惡斥責跋難陀說：「為什麼貪心向他人乞求衣服呢？」

比丘們前往世尊之所，頭面禮足，坐在一旁，把這因緣全部稟告世尊。

6. 佛斥犯者

那時，世尊藉這因緣召集比丘僧眾，怒聲斥責跋難陀說：「你做錯了！不合威儀、不合沙門法、不是清淨的行為、不是隨順佛法的行為，都不應做。為什麼貪心向他人乞求衣呢？」

（二）制戒內容

1. 佛初制戒

世尊用無數方法怒聲斥責他後，告訴比丘們：「這愚癡人啊！會引生多種有漏，最初犯本戒。從今以後，跟比丘們結戒，為了這十句義……乃至使正法得以久住。想說戒者，應這樣說：

若比丘，若居士、居士婦，使織師為比丘織作衣，彼比丘便往其家語織師言：『汝知不？此衣為我作，好織，令廣長、堅緻〔註206〕，我當多少與汝價』。彼比丘與價……下至一食直〔註207〕；若得衣，尼薩耆波逸提。」

這樣世尊跟比丘結戒。

2. 修訂前制

那時，居士們請比丘隨意自取，給比丘衣：「大德需要什麼衣呢？」

比丘們有疑惑，不敢回答。

佛說：「如對方先請比丘隨意自取，給衣，應隨心意回答。」

〔註206〕廣長、堅緻：《巴利律》作 āyata（長）、vitthata（廣）、appita（堅固）、suvīta（善好編織）、suppavāyita（善好分佈）、suvilekhita（已刮擦）、suvitacchita（平滑）。

〔註207〕直：價錢。

如居士想給比丘貴價衣，但比丘少欲知足，想要較便宜者，有疑惑，不敢索求。

佛說：「從今以後，聽許少欲知足、索取較下等衣者隨心意回答；從今以後，應這樣說戒：

若比丘，居士、居士婦，使織師為比丘織作衣，彼比丘先不受自恣請，便往織師所語言：『此衣為我作，與我極好織，令廣大、堅緻，我當少多與汝價』。是比丘與價……乃至一食直；若得衣，尼薩耆波逸提。」

3. 釋義

（1）比丘：意義如上文。

（2）居士、居士婦：如上文。

（3）衣：十種僧衣，如上文。

（4）求：有兩種，如上文。

4. 違犯輕重

如比丘，先前沒有接受邀請而隨意自取，便前去索求衣，如得到，尼薩耆波逸提；不得衣，突吉羅。

5. 淨施

（1）犯者捨衣

這尼薩耆應捨與給僧眾，或眾多人，或一人，不可捨與別眾；如沒完成捨與，突吉羅。

捨與時應走到僧眾中，徧[註208]露右肩、脫去革屣、向上座禮敬、右膝著地、合掌，這樣告白：「大德僧聽，我某甲比丘，先不受自恣請，便往求得好衣，犯捨墮。今捨與僧。」

捨與後應懺悔，面前接受懺悔的人，應這樣告白：「大德僧聽，此某甲比丘，先不受自恣請，便往求得好衣，犯捨墮。今捨與僧。若僧時到，僧忍聽我受此比丘懺。白如是。」

這樣告白後接受懺悔，應對那人說：「自責汝心！」

那比丘報說：「爾。」

（2）僧還衣

僧眾便應歸還那比丘衣服，行「白二羯磨」，這樣給他：僧眾中應差遣能

〔註208〕徧：〔宋元明〕〔宮〕作「偏」。

主持羯磨者……如上文，這樣告白：

「大德僧聽，此某甲比丘，先不受自恣請便往求得好衣，犯捨墮。今捨與僧。若僧時到，僧忍聽僧今還此比丘衣。白如是。」

「大德僧聽，此某甲比丘，先不受自恣請便往求得好衣，犯捨墮。今捨與僧。僧今還此某甲比丘衣。誰諸長老忍僧還此比丘衣者，默然；誰不忍者，說。」

「僧已忍還此比丘衣竟，僧忍，默然故，是事如是持。」

（3）不還違犯

那比丘，在僧眾中捨與衣服後，某甲不歸還，突吉羅；如有人教唆說：「不要歸還」，突吉羅；或轉作淨施，或送與他人，或自己用作三衣，或用作波利迦羅衣，或殘舊破爛，或燒毀，或用作非衣，或常常穿著，全突吉羅。

（三）兼制

比丘尼，尼薩耆波逸提；式叉摩那、沙彌、沙彌尼，突吉羅。

（四）開緣

不犯：先接受了邀請而隨意自取，前去索求；知道足夠而減少索求；或向親里者索求，或向出家人索求，或為他人索求，或他人為自己索求，或不求而得者，不犯。

二十五、奪衣戒

提要：難陀的弟子不願跟隨跋難陀，跋難陀發怒強搶回贈衣。

（一）制戒因緣

1. 誘人同遊

那時，佛在舍衛國祇樹給孤獨園。

這時，尊者難陀弟子善於勸化眾生，跋難陀對他說：「你現今跟我一起在人間遊行，我當給你衣。」

難陀弟子答道：「好吧。」

跋難陀便先給他衣。

其他比丘說：「你為什麼跟跋難陀一起在人間遊行呢？跋難陀是愚癡人，不懂得誦戒、說戒、布薩〔註209〕、布薩羯磨。」

〔註209〕布薩：音譯詞。這詞亦見於「單墮‧恐舉先言戒第 73」，相對應《巴利律》
　　　　　作 uposatha，淨住、長養；意指每半月一次的說戒集會。

那比丘便答道：「真是這樣的話，我不再跟他同遊。」

後於另一時間，跋難陀對難陀弟子說：「可以一同在人間遊行。」

比丘答道：「你自己去吧，我不能跟你一同去。」

跋難陀說：「我先前之所以給你衣，是想一起在人間遊行；你現今不想去，那麼歸還我衣來。」

比丘說：「已給的衣，不再歸還。」

2. 強奪衣

那時，跋難陀瞋怒，即上前強奪衣，比丘高叫：「不要這樣！不要這樣！」

鄰房比丘們聽聞叫聲，全部前來聚集，問這比丘說：「你為什麼高聲大叫呢？」

這時，比丘把這因緣全部向比丘們說出。

比丘們聽聞了，其中少欲知足、行頭陀、喜好學戒、知慚愧者，嫌惡斥責跋難陀說：「為什麼給比丘衣，又發怒奪回來呢？」

比丘們嫌惡斥責他後，前往到世尊之所，頭面禮足，坐在一旁，把這因緣全部稟告世尊。

3. 佛斥犯者

那時，世尊召集比丘僧眾，怒聲斥責跋難陀：「你做錯了！不合威儀、不合沙門法、不是清淨的行為、不是隨順佛法的行為，都不應做。為什麼發怒奪回他人的衣呢？」

（二）制戒內容

1. 佛制戒

世尊用無數方法怒聲斥責他後，告訴比丘們：「這愚癡人啊！會引生多種有漏，最初犯本戒。從今以後，跟比丘們結戒，為了這十句義……乃至使正法得以久住。想說戒者，應這樣說：

> 若比丘，先與比丘衣，後瞋恚，若自奪、若教人奪取──還我衣來，不與汝；若比丘還衣，彼取衣者，尼薩耆波逸提。」

2. 釋義

（1）比丘：意義如上文。

（2）衣：十種僧衣，如上文。

3. 違犯輕重

如比丘，先給比丘衣，後來瞋怒，親自奪回或教唆人奪取，加以收藏，尼薩耆波逸提；如奪取而沒有收藏，突吉羅。〔註210〕

或放在樹上、牆上、籬笆上、櫥木上、龍牙櫥木上、衣架上，或繩床、木床上，或小褥、大褥上，或枕上，或地敷上，如取走移離原處，尼薩耆波逸提；取去但未移離原處，突吉羅。

4. 淨施

（1）犯者捨衣

這尼薩耆應捨與僧眾，或眾多人，或一人，不可捨與別眾；如沒完成捨與，突吉羅。

捨與給僧眾時，應走到僧眾中，偏露右肩、脫去革屣、向上座禮敬、右膝著地、合掌，這樣告白：「大德僧聽，我某甲比丘與比丘衣已，後瞋恚，還奪取，犯捨墮。今捨與僧。」

捨與後應懺悔，面前接受懺悔的人，應這樣宣告：「大德僧聽，此某甲比丘與比丘衣已，後悔瞋恚，還奪取，犯捨墮。今捨與僧。若僧時到，僧忍聽我受此比丘懺。白如是。」

這樣告白後接受懺悔，應對那人說：「自責汝心！」

比丘答道：「爾。」

（2）僧眾還衣

僧眾便應歸還那比丘衣，行「白二羯磨」，應這樣給他：僧眾中應差遣能主持羯磨者⋯⋯如上文，這樣告白：

「大德僧聽，此某甲比丘與比丘衣已，後瞋恚還奪取，犯捨墮。今捨與僧。若僧時到，僧忍聽僧今還此某甲比丘衣。白如是。」

「大德僧聽，此某甲比丘與比丘衣已，後瞋恚還奪取，犯捨墮。今捨與僧。僧今還此某甲比丘衣。誰諸長老忍僧還此某甲比丘衣者，默然；誰不忍者，說。」

「僧已忍還此某甲比丘衣竟，僧忍，默然故，是事如是持〔註211〕。」

（3）不還違犯

如在僧眾中捨與衣後，某甲不歸還，突吉羅；如有人教唆說：「不要歸還」，

〔註210〕由於這是當面奪取，如奪者未把衣服收藏，他是否真的想奪去，抑或有其他因由才這樣做，並不確定，故未犯捨墮。

〔註211〕持：〔大〕作「事」，今依〔麗〕。整句〔金〕作「如是持」，缺「是事」二字。

突吉羅；或轉作淨施，或自己用作三衣，或送與他人，或用作波利迦羅衣，或殘舊破爛，或燒毀，或用作非衣，或常常穿著，全突吉羅。

（三）兼制

比丘尼，尼薩耆波逸提；式叉摩那、沙彌、沙彌尼，突吉羅。

（四）開緣

不犯：不瞋怒說：「我反悔了，不想給你衣，衣還給我來」，那人亦知道他想反悔，便歸還衣；或其他人代說：「這比丘想反悔，歸還衣給他」；如借衣給他人穿，他人穿得不合規範〔註212〕，奪回衣，不犯。

如擔心失衣，或擔心衣破爛，或那人破戒、破壞正見、破違威儀，或被檢舉，或被驅擯出僧眾，或應被驅擯出僧眾，或因這事而性命有危險、梵行受威脅，這樣皆奪取但沒有收藏，不犯。

二十六、畜七日藥過限戒〔註213〕

提要：僧眾囤積大批藥物，弄污僧房。

（一）制戒因緣

1. 准服五藥

那時，佛在舍衛國祇樹給孤獨園。

這時，比丘們因秋風起患病，形體枯槁，又生惡瘡。

世尊在閑靜處想念道：「這些比丘現今因秋風起患病，形體枯槁，又生惡瘡。現今我不如權宜讓比丘們可以服各種藥，應吃恰當的藥〔註214〕，如進食時食乾飯一樣，令他們身體不粗糙。」又這樣想念：「現今有五種藥，為世人所識知：酥〔註215〕、油〔註216〕、生酥〔註217〕、蜜〔註218〕、石蜜〔註219〕，

〔註212〕不合規範：〔大〕原作「無道理」。
〔註213〕《巴利律》作第23戒。
〔註214〕恰當的藥：〔大〕原作「當藥」，亦見於本律〈藥犍度〉，相對應《巴利律》作 bhesajjasammatañca lokassa，世間共許之藥。
〔註215〕酥：《巴利律》作 sappi，澄清奶油，生酥再精製者，即熟酥。
〔註216〕油：《巴利律》作 tela，泛稱一般的油。此律列出的油有：胡麻油、芥子油、蜜樹油、蓖麻油、獸油。
〔註217〕生酥：《巴利律》作 navanīta，鮮奶油。
〔註218〕蜜：《巴利律》作 madhu，蜜、蜂蜜。
〔註219〕石蜜：《巴利律》作 phāṇita，砂糖、糖蜜。

聽許比丘們服這五種藥；食恰當的藥，如進食時食乾飯一樣，令他們身體不粗糙。」

這時，世尊從靜室起來，藉這因緣召集比丘僧眾，告說：「我在靜室中這樣想：『現今比丘們因秋風起患病，形體枯槁，又生惡瘡；現在我不如權宜讓比丘們可以服各種藥，應食恰當的藥，如進食時吃乾飯一樣，令他們身體不粗糙』。我這樣想：『現今有五種藥，為世人所識知：酥、油、生酥、蜜、石蜜，聽許比丘們服用，應食恰當的藥，如食時食乾飯一樣，令他們身體不粗糙』。因此聽許服五種藥，如比丘為了治病時，應可服。」

2. 非時服藥

那時，比丘們得到肥美食物，或得到肉、肉羹〔註220〕，不能及時進食，何況得到這五種藥，又怎能及時進食呢？雖然收藏了很多藥，疾病亦不痊癒，形體枯槁，又生惡瘡。

這時，世尊明知故問阿難：「這些比丘為什麼形體枯槁，又生惡瘡呢？」

阿難稟告佛說：「這些病比丘得到肥美食物，得到肉、肉羹，但不能及時進食，又豈能隨時服五種藥呢？收藏的藥雖多，疾病亦不能痊癒，所以形體枯槁，又生惡瘡。」

佛告訴阿難：「從今以後，聽許比丘們於合適時間、非合適時間〔註221〕，為了治病，可服這五種藥。」

3. 病比丘可隨意食

那時，病比丘們得到肥美飯食，得到肉、肉羹，但不能及時進食，全給看病人；看病人食飽了，剩下的便丟棄，眾多烏鴉爭相取食，大鳴大叫。

這時，世尊明知故問阿難：「為什麼眾多烏鴉大鳴大叫呢？」

阿難稟告佛說：「病比丘們得到肥美飲食，得到肉、肉羹，但不能及時進食，全部給看病人；看病人食飽了，剩下的便丟棄，眾多烏鴉爭食，因此大鳴大叫。」

佛告訴阿難：「從今以後，聽許病人們食殘餘的食物，看病人足食不足食，病人們可隨意食。」

〔註220〕 羹：中土上古一般指帶汁的肉，中古以後表示湯。又這詞亦見於「悔過法·在俗家偏心授食戒第2」，相對應《巴利律》作 sūpa，湯。
〔註221〕 合適時間、非合適時間：〔大〕原作「時、非時」。

4. 餘食法

那時，比丘們朝早接受小食〔註222〕後，入村乞食，食飽後回到僧伽藍中，把朝早所接受的食物給比丘們。

比丘們食飽後，剩下的便丟棄，眾多烏鴉爭食，大鳴大叫。

這時，世尊明知故問阿難：「為什麼眾多烏鴉大鳴大叫呢？」阿難全告知以上因緣，因此眾多烏鴉大鳴大叫。

佛告訴阿難：「從今以後，如接受了早起的小食，或吃飽了，聽許行『餘食法』後再食。行『餘食法』的人說：『大德，我足食已，汝看是、知是』。這便是行『餘食法』。大德應說：『止汝貪心』。應這樣行『餘食法』。」（還有其他因緣，跟〈波逸提・餘食法〉中所說的相同，不再複贅，所以沒寫出）〔註223〕

5. 准服五脂

那時，尊者舍利弗因風起而患病，醫師教他服五種脂：熊脂、魚脂、驢脂、豬脂、摩竭〔註224〕魚脂，聽許服這五種脂：於適當時間接受、適當時間烹煮、適當時間過濾，如服油法般在適當時間；於不適當時間接受、不適當時間烹煮、不適當時間過濾，如服食，合法治理。

6. 佛說法

那時，世尊從舍衛國遊行人間，跟一千二百五十比丘眾在一起。

那時，世間穀物昂貴、人民飢饉、乞食困難。

那時，有五百名乞丐跟隨世尊身後遊行。

這時，世尊到一棵樹下坐。

這時，有私訶毘羅嗏〔註225〕的馴象師，用五百輛車載著黑石蜜〔註226〕，沿那條路過來。

這時，馴象師看見路上有如來的足跡，呈現千輻輪〔註227〕，充滿光芒，清淨明好；看到後，追蹤足跡尋找，遠遠看見世尊坐在一棵樹下，容顏端正，各感官寂靜，得到最好的調教，自在安詳，有如降伏龍象；亦如清澈深潭，內外

〔註222〕小食：除日中一食外，晨早食粥或餅，份量小，故名。

〔註223〕參看「單墮・足食戒第35」。

〔註224〕摩竭：音譯詞。巴利語 makara，大魚之名。

〔註225〕私訶毘羅嗏：音譯詞。「私訶」，巴利語 sīha，獅子；「毘羅嗏」，或是姓氏。

〔註226〕黑石蜜：混合蔗糖、糯米煎成。

〔註227〕千輻輪：佛的掌心、足心都有千輻輪（一千條輻的車輪）的紋，是佛的「三十二相」之一，稱「千輻輪相」。

清淨；看見後，心感歡喜，於如來之所，走到世尊面前，頭面禮足，坐在一旁。

這時，世尊用無數方法為馴象師說微妙的佛法，令他心感歡喜。

7. 象師供養

這時，馴象師聽聞如來說法，心感歡喜後，想供養比丘們每人一碗[註228]黑石蜜；比丘們不敢接受，說：「如來未曾聽許比丘接受黑石蜜。」把這因緣全部稟告世尊。

世尊告訴他們說：「從今以後，聽許比丘們接受黑石蜜。」

佛對馴象師說：「僅給比丘們一碗容量的黑石蜜。」

這時，馴象師聽從了如來的教導，給比丘們一碗容量的黑石蜜後，仍有殘餘。佛對馴象師說：「你再三隨意給與他們，使他們滿足。」

這時，那馴象師聽從了佛的教導，便再三施捨，仍有殘餘。

佛對馴象師說：「你現今可以拿這些殘餘的黑石蜜給那些乞丐。」他便給他們，仍有殘餘。

佛對馴象師說：「你可以拿這些剩餘的黑石蜜，再三施捨給乞丐，令他們滿足。」他便再三施捨，仍有殘餘。

8. 象師歸依

佛對馴象師說：「你現今拿這些剩餘的石蜜，放在乾淨的地上、無虫的水中。為什麼？我不見得各天、魔、梵、沙門、婆羅門及世人食這些殘餘的黑石蜜而能消化，唯如來一人除外。」

這時，馴象師便拿這些剩餘的黑石蜜，放在乾淨的地上、無虫的水中。

這時，水中發出巨響，冒出煙火，猶如燒熱的大鐵塊放在水中，發出巨響，冒出煙火；倒殘餘的石蜜入水中，也是這樣。

這時，馴象師看到這變異後，身毛豎起，心感恐懼，前往世尊之所，頭面禮足，坐在一旁，把剛才的因緣全部稟告世尊。

這時，世尊見馴象師心感畏懼，便為他說微妙的佛法：布施、持戒、往生天界的福德；怒聲斥責欲望和婬行，讚美出離世間。

他即於座上塵垢盡除，得到法眼淨，察見佛法、得到佛法，得成果證後，稟告佛說：「從今以後，歸依佛、法、僧，唯願世尊聽許我為優婆塞，終身不殺生……乃至不飲酒。」

〔註228〕碗：〔大〕原作「器」。

當時，馴象師聽聞佛說法，心感歡喜、明解佛理〔註229〕後，從座位起來，禮佛足，繞三圈而去。

9. 准食石蜜等

那時，比丘們入村乞食，看見有人把石蜜和其他食物混雜起來，皆有疑惑，不敢在不適當的時間進食〔註230〕。

佛告訴比丘：「聽許在不適當的時間進食，做法應是這樣。」

他們得到未製成的石蜜，有疑惑，佛說：「聽許進食。」

比丘得到開稀了的石蜜，有疑惑，佛說：「聽許進食。」

得到濃稠的石蜜，佛說：「聽許進食。」

得到白石蜜，聽許進食。

得到溶於水的石蜜，聽許飲用。

得到未熟的甘蔗漿〔註231〕，聽許飲用；如熟了，則不許飲用，如飲則依法治理。

得到甘蔗，佛說：「聽許在適當時間進食〔註232〕。」

10. 囤積藥物

那時，世尊從摩竭國界人間遊行，至羅閱城。

這時，畢陵伽婆蹉〔註233〕住在這城中，有許多朋友，也有許多弟子，得到許多供養，把酥、油、生酥、蜜、石蜜給弟子們；弟子們得到便收下，儲貯、積聚和收藏，盛滿大甕〔註234〕、水瓶、酒瓶〔註235〕、竹筒〔註236〕、大鉢、小鉢，或倒進絡囊〔註237〕、漉水囊〔註238〕中，或放在檄木上、象牙曲鉤上、窗戶間，處處懸掛，滿溢流出，房舍發臭污穢。

這時，長者們來到僧房，看見這樣儲貯和積聚各種藥，一片凌亂，都譏議

〔註229〕明解佛理：〔大〕原作「開解」。
〔註230〕不適當的時間進食：〔大〕原作「非時食」。
〔註231〕漿：泛稱較濃稠的飲料。
〔註232〕適當時間進食：〔大〕原作「時食」。
〔註233〕畢陵伽婆蹉：音譯詞。《巴利律》作 Pilindavaccha，意譯「餘習」；相傳他常轉生於婆羅門家，自恃驕貴，輕視他人。
〔註234〕甕：口小腹大的盛器。
〔註235〕酒瓶：〔大〕原作「瓨」。
〔註236〕竹筒：〔大〕原作「蕩」。
〔註237〕絡囊：粗綿袋；也可用來收藏鉢，以便外出。
〔註238〕漉水囊：濾水去蟲的布袋。

嫌惡說：「沙門釋子，不知滿足、要求無止，向外自稱說：『我知道正法』，這樣何來有正法呢？竟然這樣儲貯和積聚各種藥，像瓶沙王的倉庫一樣。」

當時，比丘們聽聞，其中少欲知足、行頭陀、喜好學戒、知慚愧者，嫌惡斥責畢陵伽婆蹉的弟子：「為什麼儲貯和積聚各種藥……乃至處處懸掛，滿溢流出呢？」

比丘們嫌惡斥責他們後，前往到世尊之所，頭面禮足，坐在一旁，把這因緣全部稟告世尊。

11. 佛斥犯者

那時，世尊藉這因緣召集比丘僧眾，用無數方法呵責畢陵伽婆蹉的弟子，說：「你們做錯了！不合威儀、不合沙門法、不是清淨的行為、不是隨順佛法的行為，都不應做。為什麼儲貯和積聚大量藥……乃至滿溢流出，像瓶沙王的倉庫一樣呢？」

（二）制戒內容

1. 佛初制戒

世尊用無數方法怒聲斥責他們後，告訴比丘們：「這些愚癡人啊！會引生多種有漏，最初犯本戒。從今以後，跟比丘們結戒，為了這十句義……乃至使正法得以久住。想說戒者，應這樣說：

若比丘，有病，殘藥酥、油、生酥、蜜、石蜜，齊七日得服；若過七日服者，尼薩耆波逸提。」

2. 釋義

（1）比丘：意義如上文。

（2）病：醫師指示服各種藥。

（3）藥：酥、油、生酥、蜜、石蜜。

3. 違犯的不同情況

（1）蓄逾七日

如比丘，第一日得藥，收蓄起來，第二日、第三日、第四日……乃至第七日得藥，收蓄起來；第八日曙光初出時，那七日中所得藥，皆尼薩耆波逸提。

如比丘，第一日得藥、第二日不得、第三日得、第四日得……這樣乃至第七日得藥；到第八日曙光初出時，那六日中所得藥，皆尼薩耆。

如比丘，第一日得藥、第二日得、第三日不得（這樣日子逐日向後移……

乃至第七日不得藥，所造句亦是這樣）。

如比丘，第一日得藥，第二日、第三日不得，第四日得……乃至第七日得藥；到第八日曙光初出時，那五日中所得藥，皆尼薩耆。

如比丘，第一日得藥、第二日得，第三日、第四日不得，第五日得（這樣日子逐日向後移……乃至第六日、第七日不得，所造句亦是這樣）。

如比丘，第一日得藥，第二日、第三日、第四日不得，第五日得藥……乃至第七日得藥；到第八日曙光初出時，那四日中所得藥，皆尼薩耆。

如比丘，第一日得藥、第二日得到，第三日、第四日、第五日不得（這樣日子逐日向後移……乃至第五日、第六日、第七日不得，所造句亦如上文）。

如比丘，第一日得藥，第二日、第三日、第四日、第五日不得，第六日、第七日得；到第八日曙光初出時，那三日中所得藥，皆尼薩耆。

如比丘，第一日得藥、第二日得，第三日、第四日、第五日、第六日不得，第七日得（這樣日子逐日向後移……乃至第四日、第五日、第六日、第七日不得，所造句亦是這樣）。

如比丘，第一日得藥，第二日、第三日、第四日、第五日、第六日不得，第七日得；到第八日曙光初出時，那兩日中所得藥，皆尼薩耆。

如比丘，第一日得藥、第二日得，第三日、第四日、第五日、第六日、第七日不得（這樣日子逐日向後移……乃至第三日、第四日、第五日、第六日、第七日不得，所造句亦是這樣）。

如比丘，第一日得藥，第二日、第三日不得……乃至第七日不得；到第八日曙光初出時，那一日中所得藥，尼薩耆。

（２）不淨施

如比丘，第一日得藥不淨施、第二日得藥淨施、第三日得藥……乃至第七日得藥不淨施；到第八日曙光初出時，那六日中所得藥，皆尼薩耆。

如比丘，第一日得藥不淨施，第二日得藥、第三日得藥淨施，第四日得藥不淨施（這樣日子逐日向後移……乃至第七日得藥，淨施不淨施，所造句亦如上文）。

（３）其他六種違犯

或送與他人（所造句亦如上文），或遺失，或殘舊破爛，或用作非藥，〔註239〕

─────────────

〔註239〕所謂用作「非藥」，即下文所說用酥、油燃燈、塗腳，或塗窗戶；蜜、石蜜施與寺中淨人。

或以為是親友的意願而取去，或忘記了（所造句亦如上文），皆尼薩耆。

（4）雙重違犯

如犯了捨墮而不捨棄藥，更換取其他藥，一尼薩耆、一突吉羅。

4. 淨施

（1）犯者捨藥

這尼薩耆應捨與僧眾，或眾多人，或一人，不可捨與別眾；如沒完成捨與，突吉羅。

捨與給僧眾時，應走到僧眾中，偏露右肩、脫去革屣、向上座禮敬、右膝著地、合掌，這樣告白：「大德僧聽，我某甲比丘，故畜餘藥過七日，犯捨墮。今捨與僧。」

捨與後應懺悔，面前接受懺悔的人，應這樣告白：「大德僧聽，此某甲比丘，故畜餘藥過七日，犯捨墮。今捨與僧。若僧時到，僧忍聽我受某甲比丘懺。白如是。」

這樣告白後接受懺悔，應對那人說：「自責汝心！」

比丘報說：「爾。」

（2）僧歸還

僧眾便應把藥歸還那比丘。

那比丘，所有超過七日的酥、油，塗在窗戶上，〔註240〕蜜、石蜜給與守園人；如在第七日所捨與比丘者，其他比丘應取來吃；如少於七日，應歸還給這比丘，應行「白二羯磨」，這樣給他：僧眾中應差遣能主持羯磨者……如上文，這樣告白：

「大德僧聽，此某甲比丘，故畜餘藥，犯捨墮。今捨與僧。若僧時到，僧忍聽還此比丘藥。白如是。」

「大德僧聽，此某甲比丘，故畜餘藥，犯捨墮。今捨與僧。僧今還此比丘藥。誰諸長老忍僧還此某甲比丘藥者，默然；誰不忍者，說。」

「僧已忍還此某甲比丘藥竟，僧忍，默然故，是事如是持。」

這比丘取去藥後，應用來塗腳〔註241〕或點燈。

（3）不還違犯

在僧眾中捨與藥後，某甲不歸還，突吉羅；如有人教唆說：「不要歸還」，

〔註240〕古時窗戶糊上紙，塗抹酥、油，可使明淨。

〔註241〕相傳塗油在腳上，可除風和明目。

突吉羅；或轉作淨施，或送與他人，或殘舊毀爛，或燒毀，或用作非藥，或常常服食，全突吉羅。

（三）兼制

比丘尼，尼薩耆波逸提；式叉摩那、沙彌、沙彌尼，突吉羅，這叫做犯。

（四）開緣

不犯：如那些過了七日的藥，或酥、油，塗在門戶上，或蜜、石蜜給守園人；或第七日捨與比丘者可食；或未滿七日者歸還那比丘，他應用來塗腳或點燈，無犯。

二十七、過前求雨衣過前用戒〔註242〕

提要：六群比丘常常索求雨浴衣，使用不當。

（一）制戒因緣

1. 毘舍佉母請食

那時，佛在舍衛國祇樹給孤獨園。

那時，毘舍佉母邀請佛及比丘僧眾在翌日前來進食，便在當晚籌辦美饌和各種飲食；明日大清早，派婢女前往到僧伽藍中，告知時間已到。

2. 裸體洗浴

那時，天下大雨，如象小便。

這時，世尊告訴比丘們：「你們今日全部走出，在雨中洗浴，這是最後一場雨〔註243〕；如今閻浮提〔註244〕下雨，當知道四天下〔註245〕下雨時，也是這樣。」

這時，比丘們聽聞佛的教導後，各自走出屋外，在雨中赤裸洗浴。

3. 誤認為外道

那時，那婢女前往僧伽藍門外，遠遠看見比丘們全都赤裸洗浴，見到後這樣想念：「沒有沙門，全是裸形外道。」

婢女回去稟告毘舍佉母說：「主人當知道，僧伽藍中全是裸形外道，沒有

〔註242〕《巴利律》作第 24 戒。
〔註243〕據下文，這是春季最後一場雨。
〔註244〕閻浮提：音譯詞。巴利語 Jambudīpa，意譯「勝金洲」。按佛教以須彌山為中心，把世界分為東、南、西、北四洲，閻浮提即是南洲，為我們的居所。
〔註245〕四天下：即上注所說的四洲。

沙門。」

毘舍佉母聰明而有智慧，即這樣想念：「先前下大雨，比丘們或脫衣赤裸，在雨中洗浴；婢女無知，說是裸形外道吧。」又再下令，迅速前住僧伽藍中稟告比丘們：「現今時間已到。」

婢女便前往僧伽藍門外。

4. 誤會寺空無

那時，比丘們洗浴完畢，穿衣返回靜室，靜坐思惟。

婢女站在門外，看見僧伽藍空寂無人，又這樣想念：「現今僧伽藍空空蕩蕩，沒有比丘。」便回去對毘舍佉母說：「主人當知道，僧伽藍中空空蕩蕩，沒有比丘。」

這時，毘舍佉母聰明而有智慧，即這樣想念道：「比丘們洗浴完畢，必入靜室思惟；但婢女無知，說僧伽藍中沒有比丘。」又再次下令，迅速前往僧伽藍中，高聲稟告說：「現今時間已到。」

婢女便到僧伽藍中，高聲稟告說：「現今時間已到。」

5. 神足來訪

那時，世尊從靜室出來，對那婢女說：「你先行回去，我正前往那裏。」

世尊對比丘們說：「穿衣持鉢，現今乞食時間已到。」

比丘們聽從世尊的教導，各各拿著衣、鉢，世尊與一千二百五十比丘僧眾一起，譬如力士屈伸手臂般快速，從祇桓精舍忽然不見了，到了毘舍佉母的屋中，走到座位而坐下，衣服不濕，比丘僧眾也是這樣。

這時，婢女遲些才到屋來，看見世尊及比丘僧眾已先到屋中，順次序坐，衣服不濕，見到後這樣想念：「世尊，真奇妙、真特別，有大神力啊！在我之後過來，但率先到達。」

6. 求佛完願

那時，毘舍佉母用各種精美飲食，供養佛及比丘僧眾，食完後放低鉢，再取來卑床〔註246〕，在佛面前坐下，稟告佛說：「唯願世尊當達成我的心願。」

佛告訴毘舍佉母：「如來不會達成人過份的心願。」

毘舍佉母又稟告佛說：「大德，如是清淨而可辦到，望給我完願。」

佛告訴她說：「隨意說。」

〔註246〕卑床：細小及下劣的椅子。

7. 八願

毘舍佉母稟告世尊說：「或有客比丘們從遠方而來，不知去向；願世尊聽許我給客比丘食物，終身供養。」

又稟告世尊說：「希望遠行的比丘或因乞食的緣故，等不及同伴；願世尊聽許我給遠行比丘食物，終身供養。」

又稟告世尊說：「病比丘們如不得治病的食物〔註247〕便命終，如得治病的食物便可痊癒；唯願世尊聽許我給病比丘食物，終身供給。」

又稟告世尊說：「病比丘們不得治病的藥〔註248〕便命終，得治病的藥便痊癒；願世尊聽許我給病比丘們治病的藥，終身供給。」

又稟告世尊說：「瞻病比丘〔註249〕為了乞求食物，便沒有照顧病者；願世尊聽許我給看病人飲食，終身供給。」

又稟告佛說：「世尊聽許阿那頻頭〔註250〕國比丘們食粥，如世尊聽許比丘食粥，我當終身供給。」

又稟告世尊說：「我大清早派婢女到僧伽藍中稟告時間已到，比丘們全都裸體，在雨中洗浴；願世尊聽許我終身給比丘雨浴衣〔註251〕。」

又稟告世尊說：「我有小因緣到阿夷羅跋提〔註252〕河邊，看見比丘尼們赤裸洗浴。這時，有多名女賊、蕩婦，前往到比丘尼之所說道：『你們年少，容貌端正，腋下未有毛，現在正值盛年，為什麼不體驗情欲呢？老年時才修習梵行，於兩邊都合適而無損失』；其中年少比丘尼，便感到不快。願世尊聽許我終身給比丘尼雨浴衣。」

8. 許願因由

那時，佛對毘舍佉母說：「你因為什麼利益和義理，而期求這八願呢？」

毘舍佉母稟告佛說：「如有從遠方來的比丘，稟告世尊說：『有某甲比丘命終，往生何處呢』；那時世尊便為他記說〔註253〕，於四道果〔註254〕中，必當

〔註247〕治病的食物：〔大〕原作「隨病食」。

〔註248〕治病的藥：〔大〕原作「隨病藥」。

〔註249〕瞻病比丘：負責看顧病比丘的比丘。

〔註250〕阿那頻頭：音譯詞。巴利語 Andhakavinda，意譯「無諦」；摩竭陀國一村落。

〔註251〕雨浴衣：《巴利律》作 vassikasāṭikā，雨季衣、雨浴衣。

〔註252〕阿夷羅跋提：音譯詞。巴利語 Aciravatī，意譯「迅流」；今印度奧德土邦（Oudh State）的羅帕提河（Rāpti River）。相傳佛在此河西岸涅槃。

〔註253〕記說：準確預言。

〔註254〕四道果：四個修行的階位。

證成須陀洹果、斯陀含果、阿那含果，或阿羅漢果。我當問道：『那命終的比丘曾否來過這舍衛國呢』，如我聽說曾來過時，我另當這樣想念：『這客比丘或當曾接受我給客比丘的食物，或遠行比丘的食物，或病比丘的食物，或病比丘的藥，或瞻病人的食物，他們或接受過粥或雨浴衣』。我聽聞這些話後，便發歡喜心；既發歡喜心，便拋棄各種惡；身惡既去除，便一身快樂；一身已快樂，心則得以安定；心既得以安定，便能在漫漫長夜〔註255〕，修習根、力、覺意〔註256〕。」

9. 佛說法

世尊讚美她說：「好啊！好啊！毘舍佉母，這是事實。為什麼？你是聰明而有智慧、信樂的檀越。」

這時，世尊為毘舍佉母而說頌：「歡喜施飲食，持戒佛弟子；布施於眾人，降伏慳嫉心。依樂受樂報，永得安隱樂；得天上處所，得無漏聖道。心樂於福德，快樂無可喻；得生於天上，長壽常安樂。」

10. 施雨衣

這時，世尊為毘舍佉母用各種方法說法，勸導教化，令她歡喜，便從座位起來離去，回到僧伽藍中，藉這因緣召集比丘僧眾，隨順說法，用無數方法讚歎頭陀、嚴好比丘〔註257〕、樂於出離世間者，告訴比丘們說：「從今以後，聽許給客比丘食物、遠行比丘食物、病比丘食物、病比丘藥，以及瞻病人食物，聽許食粥和接受雨浴衣，給比丘尼浴衣。」

這時，毘舍佉母聽聞世尊聽許比丘們授與客比丘食物……乃至給比丘尼雨浴衣，即便終身供給客比丘食物……乃至給比丘尼雨浴衣。

11. 分配次第

那時，毘舍佉母聽聞世尊聽許後，便做了許多雨浴衣，派人拿往到僧伽藍中，給比丘們，比丘們隨意分派。佛說：「不應隨意分派，應根據上座的次第給與。如衣不足夠，應記憶排列次序；如再得雨浴衣，再根據排列次序分派，令人人都得到。」

那些比丘拿著貴價衣，也依次給與，佛說：「不應這樣，應從上座開始，順次詢問；如不需要，然後順序給下一位。如衣不足夠，應從僧眾中取出可供

〔註255〕 長夜：譬喻生死輪迴。
〔註256〕 根、力、覺意：五根、五力、七覺支。
〔註257〕 嚴好比丘：〔大〕原作「嚴好」，意謂該比丘外表和威儀出眾。

分配之衣，令人人都得到。」〔註258〕

12. 常求雨衣

那時，六群比丘聽聞佛聽許比丘可以收蓄雨浴衣，便在春夏冬一切時節都常常乞求雨浴衣，沒有丟棄的雨浴衣便拿來作其他用途；他們現已有雨浴衣，但仍裸體洗浴。

這時，比丘們聽聞，其中少欲知足、行頭陀、喜好學戒、知慚愧者，嫌惡斥責六群比丘：「如來雖然聽許比丘可以收蓄雨浴衣，為什麼春夏冬都常常乞求雨浴衣，沒有丟棄的雨浴衣便拿來作其他用途；現已有雨浴衣，但仍裸體洗浴呢？」

當時，比丘們怒聲斥責他們後，前往世尊之所，頭面禮足，坐在一旁，把這因緣全部稟告世尊。

13. 佛斥犯者

那時，世尊藉這因緣召集比丘僧眾，怒聲斥責六群比丘：「你們做錯了！不合威儀、不合沙門法、不是清淨的行為、不是隨順佛法的行為，都不應做。為什麼春夏冬都常常乞求雨浴衣呢？」

（二）制戒內容

1. 佛制戒

世尊用無數方法怒聲斥責他們後，告訴比丘們：「這些愚癡人啊！會引生多種有漏，最初犯本戒。從今以後，跟比丘們結戒，為了這十句義……乃至使正法得以久住。想說戒者，應這樣說：

若比丘，春〔註259〕殘一月在〔註260〕，當求雨浴衣，半月〔註261〕應用浴。若比丘，過一月前求雨浴衣，過半月前用浴，尼薩耆波逸提。」

2. 釋義

（1）比丘：意義如上文。

（2）雨衣：比丘用來在雨中洗浴。

〔註258〕雨浴衣由上座開始分派，某比丘如原無雨浴衣，可取了，如某比丘原有雨浴衣，但取了新者，應把原有的轉移到下一位比丘。如在分派過程中，某比丘原有的雨浴衣較昂貴，不應順次轉移給下座，而要順次問上座是否需要。

〔註259〕春：《巴利律》作 gimha，夏季、熱時。

〔註260〕春殘一月在：春天將盡還有一個月，即 3 月 16 日至 4 月 16 日。

〔註261〕半月：4 月 1 日至 16 日。

（3）衣：有十種，如上文。

3. 淨施

（1）犯者捨衣

那比丘，三月十六日應求雨浴衣，四月一日應使用；如比丘於三月十六日前求雨浴衣，四月一日前使用的，尼薩耆波逸提。

這尼薩耆應捨與僧眾，或眾多人，或一人，不可捨與別眾；如沒完成捨與，突吉羅。

如想捨與僧眾時，應走到僧眾中，偏露右肩、脫去革屣、向上座禮敬、右膝著地、合掌，這樣告白：「大德僧聽，我某甲比丘，過一月前求雨浴衣，過半月前用，犯捨墮。今捨與僧。」

捨與後應懺悔，面前接受懺悔的人，應這樣告白：「大德僧聽，此某甲比丘，過一月前求雨浴衣，過半月前用，犯捨墮。今捨與僧。若僧時到，僧忍聽我受彼比丘懺。白如是。」

告白後接受懺悔，應對那人說：「自責汝心！」

比丘報說：「爾。」

（2）僧歸還

僧眾便應歸還那比丘雨浴衣，行「白二羯磨」，應這樣給他：僧眾中應差遣能主持羯磨者……如上文，這樣告白：

「大德僧聽，此某甲比丘，過一月前求雨浴衣，過半月前用，犯捨墮。今捨與僧。若僧時到，僧忍聽還彼某甲比丘雨衣。白如是。」

「大德僧聽，此某甲比丘，過一月前求雨浴衣，過半月前用，犯捨墮，今捨與僧。僧今還此某甲比丘雨浴衣。誰諸長老忍僧還彼某甲比丘雨浴衣者，默然；誰不忍者，說。」

「僧已忍還此某甲比丘雨浴衣竟，僧忍，默然故，是事如是持。」

（3）不還違犯

如在僧眾中捨與雨浴衣後，某甲不歸還，突吉羅；歸還時有人教唆說：「不要歸還」，突吉羅；或轉作淨施，或送與他人，或自己用作三衣，或用作波利迦羅衣，或殘舊破爛，或燒毀，或常常使用，全突吉羅。

（三）兼制

比丘尼，突吉羅；式叉摩那、沙彌、沙彌尼，突吉羅，這叫做犯。

（四）開緣

不犯：三月十六日求雨浴衣，四月一日使用；或捨雨浴衣後才另作其他用途；或穿雨浴衣洗浴；或無雨浴衣，或製雨浴衣，或洗滌、或染色，或收藏於深處〔註262〕，無犯。

二十八、過前受急施衣過後畜戒

提要：波斯匿王兩大將想在安居未完前布施，比丘不敢接受。

（一）制戒因緣

1. 請安居

那時，佛在毘蘭若夏安居。

佛告訴阿難：「你前去對毘蘭若的婆羅門說：『我接受你請夏安居完畢，現今想遊行人間』。」

阿難聽從佛的指示，前往到毘蘭若婆羅門之所，對婆羅門說：「如來對你說：『我接受你請夏安居完畢，現今想遊行人間』。」

這時，毘蘭若的婆羅門聽聞世尊這樣說，便記起：「我沒有利益、沒有善好的利益，沒有得著、沒有善好的得著。為什麼？我請沙門瞿曇及僧眾夏安居，九十日中竟沒有供養呢。」

2. 請食

那時，毘蘭若的婆羅門與阿難一起前往世尊之所，敬禮佛足，退後站在一旁。

這時，世尊逐漸為毘蘭若婆羅門說微妙的佛法，令他發歡喜心，便稟告佛說：「唯願世尊及比丘僧眾，於毘蘭若再接受我九十日之請。」

佛對婆羅門說：「我已接受你請夏安居九十日完畢，現今想遊行人間。」

婆羅門再次稟告說：「願世尊及僧眾接受我明日之請。」

世尊默然接受邀請。

婆羅門見世尊默然接受邀請，便從座位起來，敬禮佛足，繞三圈而離去，返回其家中；當晚就籌辦各種美好的飲食。

明日稟告佛時間已到。

世尊穿衣持鉢，聯同五百比丘僧眾，一起前往到其家，到達後走到座位

〔註262〕深處：〔大〕作「染」、〔宮〕〔聖〕作「深」，譯寫依後者。這表示有了雨浴衣，但使用時間未至，故洗滌、收藏。

坐下。

3. 施衣

那時，婆羅門分派各種美好飲食，給佛及比丘飯食，令他們全都食飽，食完各自收拾鉢。

婆羅門因為夏安居，施三衣給佛，施二衣給各比丘。

這時，比丘們沒有接受衣服，便對施主說：「世尊未聽許接受夏安居的衣。」

當時，比丘們把這因緣全部稟告世尊，佛告訴比丘們：「聽許接受夏安居的衣。」

4. 四出求衣

那時，六群比丘聽聞世尊聽許接受夏安居的衣，在春夏冬一切時節，常常乞求衣，安居未完，既乞求衣，也接受衣。

這時，跋難陀釋子在某處安居完畢，聽聞在他處夏安居的比丘得到很多衣的供養，便前往那安居處，問他們道：「所得夏安居的衣分派了嗎？」

比丘答道：「未分派。」

跋難陀說：「拿來我為你分派。」

跋難陀又再到他處，不僅一次這樣做，全都問：「你們得到的安居衣分派了嗎？」

比丘答道：「未分派。」

跋難陀說：「拿來我為你分派。」

5. 多蓄衣

那時，跋難陀四處參與分派衣，分得很多衣，拿來進入祇桓精舍，比丘們看見後，對跋難陀說：「世尊聽許收蓄三衣；三衣之外，不可收蓄多出的衣，這是誰的衣呢？」

跋難陀答道：「四處都有夏安居所得的衣，我在那裏得到這些衣，是分派得來的。」

比丘們聽聞後，其中少欲知足、行頭陀、喜好學戒、知慚愧者，怒聲斥責六群比丘：「跋難陀，為什麼如來聽許接受夏安居的衣，為什麼還在春夏冬一切時節都常常乞求衣，安居未完，既乞求衣又接受衣呢？跋難陀在這一處安居，卻在另一處接受衣呢？」

當時，比丘們前往到世尊的處所，頭面禮足，坐在一旁，把這因緣全部稟告世尊。

6. 初立規制

那時，世尊藉這因緣召集比丘僧眾，多番怒聲斥責六群比丘：「跋難陀釋子，我聽許比丘接受夏安居的衣，你為什麼在春夏冬一切時節，都常常乞求衣，安居未完，既乞求衣又接受衣呢？跋難陀釋子，在這一處安居，卻在另一處接受衣呢？」

這時，世尊用無數方法怒聲斥責六群比丘、跋難陀釋子後，告訴比丘們：「不可在春夏冬一切時節，都常常乞求衣，亦不可在安居未結束時，既乞求衣又接受衣，不得在這一處安居卻在另一處接受夏安居分派的衣。」

7. 提前施衣

那時，世尊在舍衛國。

那時，波斯匿〔註263〕王境內有人民叛亂。

這時，王派遣兩位大臣，名叫利師達多〔註264〕及富羅那〔註265〕，王勅令他們出征。

這時，兩位大臣這樣想念：「我們現今須出征，不知能否回來呢？我們常常在僧眾夏安居完畢時，為僧眾準備飲食及施捨衣；現今夏安居未完畢，不如籌辦飲食以及各種衣物，像安居的做法般施衣給僧眾吧。」

長者們親自前往僧伽藍中，向比丘們這樣稟告：「明日想安排飯食以及布施安居之衣，願各位屈就。」

比丘們回報長者說：「只須布施食物，不須施捨衣。為什麼？夏安居未完畢，不可接受衣，亦不可乞求衣。」

長者稟告：「我們現今被波斯匿王派遣出征，我們自己想念：『不知能否回來呢？想如先前在夏安居完畢時的做法，供奉眾僧飯食及施衣』。現在也想籌備食物及施衣。」

（二）制戒內容

1. 佛制戒

那時，比丘們因這事前往稟告佛，佛說：「從今以後，聽許比丘們接受因急事而施捨之衣。比丘們如知道是因急事而施捨之衣，應可接受。從今以後，跟比丘們結戒，為了這十句義……乃至使正法得以久住。想說戒者，應這樣說：

〔註263〕波斯匿：音譯詞。巴利語 Pasenadi，意譯「勝光」；拘薩羅國國王。
〔註264〕利師達多：音譯詞。巴利語 Isidatta，意譯「仙施」；謂從仙人邊求得兒子。
〔註265〕富羅那：音譯詞。巴利語 Puṇṇa，意譯「滿」；利師達多之兄。

　　若比丘，十日未竟夏三月，諸比丘得急施衣〔註266〕，比丘知是急施衣，當受，受已……乃至衣時應畜；若過畜者，尼薩耆波逸提。」

2. 釋義

（1）比丘：意義如上文。

（2）急施衣：如接受便得、不接受便失。

（3）衣：有十種，如上文。

（4）衣時：

1）正常衣時

自恣完畢後，不接受迦絺那衣者一個月、接受迦絺那衣者五個月。〔註267〕

2）急施衣的衣時〔註268〕

　　自恣還有十日才到，如比丘得急施衣，知道是急施衣，應接受；接受後收蓄十日，到自恣完畢後，不接受迦絺那衣者一個月，接受迦絺那衣者五個月。

　　如自恣還有九日才到，比丘得急施衣，知道是急施衣，應接受；接受後便應收蓄九日，到自恣完畢後，不接受迦絺那衣者一個月、接受迦絺那衣者五個月，再增一日。

　　如自恣還有八日才到，比丘得急施衣，知道是急施衣，應接受，接受後便應收蓄八日，到自恣完畢後，不接受迦絺那衣者一個月、接受迦絺那衣者五個月，再增兩日。

　　如自恣還有七日才到，比丘得急施衣，知道是急施衣，應接受；接受後便應收蓄七日，到自恣完畢後，不接受迦絺那衣者一個月、接受迦絺那衣者五個月，再增三日。

　　如自恣還有六日才到，比丘得急施衣，知道是急施衣，應接受；接受後便

〔註266〕急施衣：《巴利律》作 accekacīvara，非常態的、緊急的施衣。

〔註267〕衣時：順利完成夏安居者，會接受到迦絺那衣，並於緊接的五個月，暫不用守長衣過限戒；不接受到迦絺那衣者，開許不守這戒一個月。這五個月、一個月，便是容許接受多出衣物的時期，即「衣時」。如有「急施衣」，「衣時」在五個月或一個月之外，可增最多九日。

〔註268〕總括來說，佛聽許比丘們於夏安居完結前十日內，接受急施衣。按夏安居於 7 月 15 日結束並自恣，十日內，即 7 月 5 日之後，接著依此計算衣時的延長日數。如 7 月 5 日受急施衣，到自恣完畢，用盡十日，依舊不受迦絺那衣者可再收蓄一個月，受迦絺那衣者可再收蓄五個月。如 7 月 6 日受急施衣，到自恣完畢，用了九日，受不受迦絺那衣者可在一個月或五個月之外，再收蓄多一日，如此類推。

應收蓄六日，到自恣完畢後，不接受迦絺那衣者一個月、接受迦絺那衣者五個月，再增四日。

如自恣還有五日才到，比丘得急施衣，知道是急施衣，應接受；接受後便應收蓄五日，到自恣完畢後，不接受迦絺那衣者一個月、接受迦絺那衣者五個月，再增五日。

如自恣還有四日才到，比丘得急施衣，知道是急施衣，應接受；接受後便應收蓄四日，到自恣完畢後，不接受迦絺那衣者一個月、接受迦絺那衣者五個月，再增六日。

如自恣還有三日才到，比丘得急施衣，知道是急施衣，應接受；接受後便應收蓄三日，到自恣完畢後，不接受迦絺那衣者一個月、接受迦絺那衣者五個月，再增七日。

如自恣還有兩日才到，比丘得急施衣，知道是急施衣，應接受；接受後便應收蓄兩日，到自恣完畢後，不接受迦絺那衣者一個月、接受迦絺那衣者五個月，再增八日。

如明日自恣，比丘得急施衣，知道是急施衣，應可接受；接受後便應在當日收蓄，到自恣完畢後，不接受迦絺那衣者一個月、接受迦絺那衣者五個月，再增九日。

3. 淨施

（1）犯者捨衣

如此丘，得急施衣，日子推前或過後[註269]，尼薩耆波逸提。

這些衣應捨與僧眾，或眾多人，或一人，不可捨與別眾；如捨與沒完成，突吉羅。

如想捨與僧眾，應走到僧眾中，偏露右肩、脫去革屣、向上座禮敬、胡跪、合掌，這樣宣告：「大德僧聽，我某甲比丘得急施衣，若過前、若過後，犯捨墮。今捨與僧。」

捨與後應懺悔。面前接受懺悔的人宣告後接受懺悔，應這樣告白：「大德僧聽，此某甲比丘得急施衣，若過前、若過後，犯捨墮。今捨與僧。若僧時到，僧忍聽我受某甲比丘懺。白如是。」

這樣告白後接受懺悔，接受懺悔的人對那人說：「自責汝心！」

〔註269〕日子推前或過後：〔大〕原作「過前過後」。「過前」，即 7 月 5 日之前；「過後」，即自恣後一月或五月之後。推前或過後受衣便違犯。

比丘報說：「爾。」

（２）僧眾歸還

僧眾便應歸還那比丘衣服，行「白二羯磨」給他：僧眾中應差遣能主持羯磨者……如上，這樣告白：

「大德僧聽，此某甲比丘得急施衣，過前過後，犯捨墮。今捨與僧。若僧時到，僧忍聽還此某甲比丘衣。白如是。」

「大德僧聽，此某甲比丘得急施衣，過前過後，犯捨墮。今捨與僧。僧今還此比丘衣。誰諸長老忍僧還此某甲比丘衣者，默然；誰不忍者，說。」

「僧已忍還此某甲比丘衣竟，僧忍，默然故，是事如是持。」

（３）不還違犯

在僧眾中捨與衣後，不肯歸還，突吉羅；如教唆說：「不要歸還」，突吉羅；或轉作淨施，或接受用作三衣及其他衣，或送與他人，或常常穿著，全突吉羅。

（三）兼制

比丘尼，尼薩耆波逸提；式叉摩那、沙彌、沙彌尼，突吉羅，這叫做犯。

（四）開緣

不犯：得急施衣，日子不推前、不過後，不犯。

或衣被盜賊奪去，或衣遺失，或衣燒毀，或衣漂走，日子推前者，不犯。

作出被奪去的想法、遺失的想法、燒毀的想法、漂走的想法；道路險阻，難行不通；有多種賊盜、猛獸之災，或河水泛濫；被王者繫綁拘禁；性命有危險、梵行受威脅；或那受託付的比丘或死去，或遠行，或捨戒，或被盜賊搶劫，或被猛獸所害，或被水漂走，日子過後者，無犯。

二十九、有難蘭若離衣戒

提要：六群比丘濫用在荒野可離衣出外的寬限。

（一）制戒因緣

1. 蘭若遇劫

那時，佛在舍衛國祇樹給孤獨園。

比丘們夏安居完畢，之後整整迦提〔註270〕一個月，都在阿蘭若處居住。

〔註270〕迦提：音譯詞。《巴利律》作 kattika，印度曆的第八月，安居結束時之月份。安居完結，便是冬天，為盜賊作亂之時。

這時，很多盜賊搶奪比丘的衣、鉢、坐具、針筒、什物〔註271〕，兼且毆打他們。

比丘們畏懼盜賊，都來到祇桓精舍聚居。

2. 初立規制

那時，世尊明知故問阿難：「這些比丘為什麼來到祇桓精舍聚居呢？」

阿難稟告佛說：「比丘們夏安居完畢，之後整整迦提一個月，都在阿蘭若處居住，被盜賊搶奪衣、鉢、坐具、針筒、什物，盜賊又毆打比丘們，比丘們因為畏懼，都來到祇桓精舍居住。」

佛告訴阿難：「從今以後，『聽諸比丘在阿蘭若有疑〔註272〕、多恐懼〔註273〕處住；在如是阿蘭若處住，比丘欲留衣，三衣中若一一〔註274〕衣，得留置舍〔註275〕內』。」〔註276〕

3. 離衣外遊

那時，六群比丘聽聞佛「聽阿蘭若處有疑、恐懼處住；在如是處住，欲留衣，三衣中若一一衣，留置舍內」，他們便留下衣在屋舍內，託付親友比丘後出行。

4. 曬晾衣物

後來，親友比丘在正午拿出衣曬晾，比丘們看見後，互相說：「世尊制戒：『聽比丘畜三衣，不得長』，這是誰的衣呢？」

那比丘說：「六群比丘跟我是相識親友，留下衣在此，到人間遊行，所以我們為他們曬晾衣。」

這時，比丘們聽聞後，其中少欲知足、行頭陀、喜好學戒、知慚愧者，嫌惡斥責六群比丘說：「為什麼世尊『聽諸比丘在阿蘭若處有疑、恐懼處住，於三衣中留一一衣，著舍內』；你們為什麼現今託付多件衣給相識的親友比丘，遊行人間，而離衣在外度宿呢？」

當時，比丘們前往到世尊之所，頭面禮足，坐在一旁，把這因緣全部稟告

〔註271〕什物：比丘除三衣外，還可擁有坐具、拭身巾、拭面巾、剃髮衣、蓋瘡巾等衣物。

〔註272〕有疑：《巴利律》作 sāsaṅka，有疑懼的、有懷疑的。

〔註273〕恐懼：《巴利律》作 sappaṭibhaya，有所怖畏的。

〔註274〕一一：《巴利律》作 aññatara，兩者之一、某個。

〔註275〕舍：《巴利律》作 ghara，俗家、住宅。依下文釋義，「舍」專指聚落中的屋舍。

〔註276〕這表示比丘居蘭若前，先把衣留在屋舍，避免被人搶奪。

世尊。

5. 佛斥犯者

世尊便藉這因緣召集比丘僧眾，怒聲斥責六群比丘：「你們做錯了！不合威儀、不合沙門法、不是清淨的行為、不是隨順佛法的行為，都不應做。六群比丘，我『聽諸比丘在阿蘭若有疑、恐懼處住；比丘在如是處住，三衣中留一一衣，著舍內』；你們現今為什麼託付多件衣給親友比丘，遊歷人間，而離衣度宿呢？」

（二）制戒內容

1. 佛制戒

這時，世尊用無數方法怒聲斥責六群比丘後，告訴比丘們：「這些六群比丘，愚癡人啊！會引生多種有漏，最初犯本戒。從今以後，跟比丘們結戒，為了這十句義……乃至使正法得以久住。想說戒者，應這樣說：

若比丘，夏三月竟，後迦提一月滿，在阿蘭若有疑、恐懼處住，比丘在如是處住，三衣中欲留一一衣，置舍內。諸比丘有因緣，離衣宿……乃至六夜；若過者，尼薩耆波逸提。」

2. 釋義

（1）比丘：意義如上文。

（2）阿蘭若處：離開村落五百弓。遮摩羅〔註277〕國的弓長四肘，以中等身材的人之肘為長度標準。

（3）有疑處：懷疑有盜賊。

（4）恐怖：畏懼其中有盜賊。

（5）舍內：村莊聚落。

（6）三衣：僧伽梨、欝多羅僧、安陀會。

（7）衣：有十種，如上文所說。

3. 違犯輕重

如比丘，有因緣離衣度宿，那六夜後，第七夜曙光未出之前，應捨與三衣，或手持衣，或至擲石所及處。

如比丘，在六夜後，第七夜曙光未出之前，沒有捨與三衣、沒有手持衣，

〔註277〕遮摩羅：音譯詞。巴利語 camara，犛牛。即「捨墮‧離衣宿戒第 2」所記的「遮摩梨」。

也沒有至擲石所及處站立，第七夜曙光初出時離衣度宿，全犯尼薩耆。

除三衣外，離其他衣度宿，突吉羅。

4. 淨施

（1）犯者捨衣

這尼薩耆應捨與僧眾，或眾多人，或一人，不可捨與別眾；如捨與沒完成，突吉羅。

如想捨與僧眾，應走到僧眾中，偏露右肩、脫去革屣、右膝著地、禮上座足、胡跪、合掌，這樣告白：「大德僧聽，我某甲比丘離衣宿過六夜，犯捨墮。今捨與僧。」

捨與後應懺悔。面前接受懺悔的人告白後接受懺悔，應這樣告白：「大德僧聽，此某甲比丘離衣宿過六夜，犯捨墮。今捨與僧。若僧時到，僧忍聽我受某甲比丘懺。白如是。」

這樣告白後接受懺悔，應對那人說：「自責汝心！」

比丘報說：「爾。」

（2）僧眾歸還

僧眾便應歸還那比丘衣服，行「白二羯磨」，應這樣給他：僧眾中應差遣能主持羯磨者……如上文，這樣告白：

「大德僧聽，此某甲比丘離衣宿過六夜，犯捨墮。今捨與僧。若僧時到，僧忍聽還彼比丘衣。白如是。」

「大德僧聽，此某甲比丘離衣宿過六夜，犯捨墮。今捨與僧。僧今還彼比丘衣。誰諸長老忍僧還此比丘衣者，默然；誰不忍者，說。」

「僧已忍還彼比丘衣竟，僧忍，默然故，是事如是持。」

（3）不還違犯

如比丘捨與衣後，某甲不肯歸還那比丘衣者，突吉羅；如教唆不要歸還，突吉羅；或淨施，或送與他人，或收下用作三衣，或用作波利迦羅衣，或常常取來穿著，全突吉羅。

（三）兼制

比丘尼，突吉羅；式叉摩那、沙彌、沙彌尼，突吉羅，這叫做犯。

（四）開緣

不犯：已過了六夜，第七夜曙光未出之前，到衣所在之所，或捨與衣，或

手持衣，或至擲石所及處，不犯。

或有被搶奪的想法、遺失的想法、漂走的想法、燒毀的想法，而不捨與衣、不手持衣、不到擲石所及處，不犯。

或船隻滯留不通、道路險阻難行、盜賊眾多、有猛獸、河水暴漲、被人用武力捉住，或被人繫綁拘禁，或性命有危險，或梵行受威脅，而不捨與衣，不手持衣，不到擲石所及處，全無犯。

三十、迴僧物入己戒

提要：跋難陀獨佔居士施衣，令他不能施予他僧。

（一）制戒因緣

1. 居士布施

那時，佛在舍衛國祇樹給孤獨園。

這時，跋難陀釋子先前認識一居士〔註 278〕，常常喜愛布施，心想供奉佛和比丘僧眾飯食，並布施好衣。

2. 獨佔施衣

那時，跋難陀釋子聽聞那居士想供奉佛和比丘僧眾飯食，並布施好衣，便前往那居士家中，問居士說：「真的想供奉佛及比丘僧眾飯食，並布施好衣嗎？」

居士報說：「是。」

跋難陀釋子對居士說：「僧眾有大好處、有大威力、有大福德，施捨給僧眾的施主有很多。你現今布施食物給僧眾，衣可只施捨我一人。」

居士說：「這樣好吧。」

3. 長者抱怨

那時，長者便不再為僧眾籌辦衣，便在當夜籌備種種美好的飲食，明日向僧眾宣告時間已到。

比丘們穿衣持鉢，前往居士家中，走到座位坐下。

這時，居士見長老比丘的舉止動作都具有威儀，大聲說：「我為什麼為這樣嚴明整齊的僧眾籌辦衣而被留難呢？」

這時，比丘們問居士說：「為什麼這樣說呢？」

〔註 278〕居士：《巴利律》作 pūga，團體、公會。

這時，居士如實回答。

當時，僧眾中有少欲知足、行頭陀、喜好學戒、知慚愧者，怒聲斥責跋難陀釋子：「為什麼斷絕僧眾的利益，而私自歸入己有呢？」

比丘們前往世尊之所，頭面禮足，坐在一旁，把這段因緣全部稟告世尊。

4. 佛斥犯者

那時，世尊藉這因緣召集比丘僧眾，用無數方法怒聲斥責跋難陀釋子：「你做錯了！不合威儀、不合沙門法、不是清淨的行為、不是隨順佛法的行為，都不應做。為什麼斷絕僧眾的利益，而私自歸入己有呢？」

（二）制戒內容

1. 佛初制戒

這時，世尊用無數方法怒聲斥責跋難陀釋子後，告訴比丘們：「這愚癡人啊！會引生多種有漏，最初犯本戒。從今以後，跟比丘們結戒，為了這十句義……乃至使正法得以久住。想說戒者，應這樣說：

若比丘，斷〔註279〕僧物〔註280〕而自入己者，尼薩耆波逸提。」

這樣世尊跟比丘制戒。

2. 修訂前制

那時，比丘們不知道這是僧物、非僧物、是已許諾給僧眾之物、沒許諾給僧眾之物，其後才知道是僧物、已許諾給僧眾之物；比丘因而或有行尼薩耆波逸提懺悔，或感到慚愧。

佛說：「如不知道者，不犯。從今以後，應這樣說戒：

若比丘，知是僧物，自求〔註281〕入己者，尼薩耆波逸提。」

3. 釋義

（1）比丘：意義如上文。

（2）僧物：

1）僧物：已許諾給僧眾者。

2）為僧：為了僧眾而製，仍未許諾給僧眾者。

3）已與僧：已許諾給僧眾者、已捨與者。僧物，即衣、鉢、坐具、針筒……

〔註279〕斷：判斷。
〔註280〕僧物：《巴利律》作 saṅghika lābha，僧眾的所得物。
〔註281〕自求：《巴利律》作 pariṇata，迴向。

下至飲水器。

4. 違犯輕重

如比丘，知道是僧物，自行要求歸入己有，尼薩耆波逸提。

如許諾給僧眾之物轉給塔，突吉羅；如許諾給塔者轉給僧眾，突吉羅；如許諾給四方僧眾〔註282〕之物轉給現在僧眾〔註283〕，突吉羅；如許諾給當前僧眾之物轉給四方僧眾，突吉羅；如許諾給比丘僧眾之物轉給比丘尼僧眾，突吉羅；如許諾給比丘尼僧眾者轉給比丘僧眾，突吉羅；許諾給這處而轉給另一處，突吉羅。〔註284〕

5. 境想

如已許諾，作出許諾的想法，尼薩耆波逸提；如已許諾，起疑心，突吉羅；如未許諾，作出許諾的想法，突吉羅；如未許諾，起疑，突吉羅。

6. 淨施

（1）犯者捨僧物

這尼薩耆應捨與僧眾，或眾多人，或一人，不可捨與別眾；如捨與沒完成，突吉羅。

如想捨與僧眾，應走到僧眾中，偏露右肩、右膝著地、禮敬上座、胡跪、合掌，這樣告白：「大德僧聽，我某甲比丘，知是物已許僧而自入己，犯捨墮。今捨與僧。」

捨與後應懺悔。面前接受懺悔的人宣告後接受懺悔，應這樣告白：「大德僧聽，此某甲比丘，知是物已許僧而自入己，犯捨墮。今捨與僧。若僧時到，僧忍聽我受某甲比丘懺。白如是。」

告白後接受懺悔，應對那人說：「自責汝心！」

那比丘答說：「爾。」

（2）僧歸還

僧眾便應歸還那比丘所捨與之物，應行「白二羯磨」給他：僧眾中應差遣能主持羯磨者……如上文，這樣告白：

〔註282〕四方僧眾：〔大〕原作「四方僧」；意謂一切僧眾。
〔註283〕現在僧眾：〔大〕原作「現在僧、現前僧」；意謂當前某一結界（例如某一寺）內的僧眾。
〔註284〕在這七種情況，比丘把財物轉給另一對象，有違原先施主的許諾，但由於並非歸入己有，故罪較輕。

「大德僧聽，此某甲比丘，知是物已許僧而自入己，犯捨墮。今捨與僧。若僧時到，僧忍聽還彼比丘所捨物。白如是。」

「大德僧聽，此某甲比丘，知是物已許僧求自入己，犯捨墮。今捨與僧。僧今還彼比丘所捨物，誰諸長老忍僧還彼比丘所捨物者，默然；誰不忍者，說。」

「僧已忍還彼比丘所捨物竟，僧忍，默然故，是事如是持。」

（3）不還違犯

如捨與後，某甲不肯歸還那比丘所捨與之物，突吉羅；如教唆人不要歸還，突吉羅；或轉作淨施，或送與他人，或收下用作三衣，或用作波利迦羅衣，或常常使用，全突吉羅。

（三）兼制

比丘尼，尼薩耆波逸提；式叉摩那、沙彌、沙彌尼，突吉羅，這叫做犯。

（四）開緣

不犯：或不知道；或已許諾，作出不許諾的想法，或許諾施捨少量而勸喻給更多，或許諾施捨少數人而勸喻給更多人、想許諾施捨劣物而勸喻給好者；或戲笑說，或錯說，或獨處時說，或夢中說、想說這樣卻錯說那樣，無犯。

第五篇　波逸提

一、小妄語戒

提要：象力比丘跟外道論議，前言不對後語。

（一）制戒因緣

1. 公然妄語

那時，佛在釋翅瘦迦維羅衛尼拘類園中。

這時，釋種中有釋迦子弟字象力〔註1〕，能言善道，常與外道和梵志論議〔註2〕，如不如〔註3〕人時，便推翻自己之前說的話；如在僧眾中被問起這番話時，他便再推翻之前所說的話，於僧眾中明知而妄語。

梵志們譏議嫌惡說：「沙門釋子，不知慚愧，常說妄語，而自稱：『我遵行正法』，如今有什麼正法呢？論議不如人時便推翻自己之前說的話，在僧眾中被問起時便再推翻之前所說的話，於僧眾中明知而妄語。」

比丘們聽聞，其中少欲知足、行頭陀、喜好學戒、知慚愧者，怒聲斥責象力釋子：「你為什麼跟婆羅門論議，如論議不如人時便推翻自己之前說的話，在僧眾中被問起時便再推翻之前所說的話，於僧眾中明知而妄語呢？」

當時，比丘們便前往世尊之所，頭面禮足，坐在一旁，把這因緣全部稟告世尊。

〔註1〕象力：《巴利律》作 Hatthaka，有手的。按象的巴利語為 hatthi，跟 hattha（手）相近。

〔註2〕論議：《巴利律》作 sallapanta，共語、交談。

〔註3〕不如：《巴利律》作 vādakkhitta，被駁倒的。

2. 佛斥犯者

那時，世尊藉這因緣召集比丘僧眾，怒聲斥責象力比丘：「你做錯了！不合威儀、不合沙門法、不是清淨的行為、不是隨順佛法的行為，都不應做。為什麼象力比丘跟婆羅門論議，如論議不如人時便推翻自己之前說的話，在僧眾中被問起時便再推翻之前所說的話，於僧眾中明知而妄語呢？」

（二）制戒內容

1. 佛制戒

這時，世尊用無數方法怒聲斥責象力比丘後，告訴比丘們：「這愚癡人啊！會引生多種有漏，最初犯本戒。從今以後，跟比丘們結戒，為了這十句義……乃至使正法得以久住。想說戒者，應這樣說：

若比丘，知而妄語〔註4〕者，波逸提。」

2. 釋義

（1）比丘：意義如上文。

（2）知而妄語：看不見說看見，不聽聞說聽聞，沒接觸過說接觸過，不知道說知道；看見說看不見，聽聞說不聽聞，接觸過說沒接觸過，知道說不知道。

1）見：眼識〔註5〕能看見。

2）聞：耳識能聽聞。

3）觸：鼻識、舌識、身識這三識能夠接觸者。

4）知：意識能知道。

5）不見：除眼識外的其餘五識便是。

6）不聞：除耳識外的其餘五識便是。

7）不觸：除三識外的眼識、耳識和意識便是。

8）不知：除意識外的其餘五識便是。

3. 違犯的不同情況

（1）六心〔註6〕

如看不見、聽不到、沒接觸、不知道，他這樣說：「我看見、聽聞、接觸、

〔註4〕知而妄語：《巴利律》作 sampajāna-musāvāda，故意說謊。

〔註5〕識：對外境的辨識、了別的作用。

〔註6〕下述六種情況，可簡括為：不見卻言見、心中有見卻言不見、見或不見有疑卻言見、見或不見有疑卻言不見、實不見無疑卻謂有疑言見、實不見無疑卻謂有疑言不見。後人的疏釋，指第一種是「無想心」，第二種是「有想心」，第三、四種是「有疑心」，最後兩種是「無疑心」，合稱「六心」。

知道」；明知而妄語，波逸提。

如看不見、聽不到、沒接觸、不知道，當中有看見的想法、聽聞的想法、接觸的想法、知道的想法，他卻說：「我看不見、聽不到、沒接觸、不知道」；明知而妄語，波逸提。

如看不見、聽不到、沒接觸、不知道，心中起疑，他這樣說：「我沒有起疑」，便說：「我看見、我聽聞、我接觸、我知道」；明知而妄語，波逸提。

如看不見、聽不到、沒接觸、不知道，心中起疑，卻說：「我沒有起疑」，便說：「我看不見、聽不到、沒接觸、不知道」；明知而妄語，波逸提。

如看不見、聽不到、沒接觸、不知道，心中不再起疑，卻說：「我有起疑，我看見、我聽聞、我接觸、我知道」；明知而妄語，波逸提。

我看不見、我聽不到、我沒接觸、我不知道，心中無疑，卻說：「我有起疑，我看不見、我聽不見、沒接觸、不知道」；明知而妄語，波逸提。這裏應詳加說明。〔註7〕

（2）妄語心〔註8〕

本來有這想念：「我當妄語」，妄語時自知是妄語，妄語後知道是妄語；故意妄語，波逸提。

本來有這想念：「我當妄語」，妄語時自知是妄語，妄語後記不起曾說妄語；故意妄語，波逸提。

本來無這想念：「我當妄語」，妄語時自知是妄語，妄語後知道是妄語；故意妄語，波逸提。

本來沒有說妄語的意念，妄語時自知是妄語，妄語後記不起是妄語；故意妄語，波逸提。

（3）各種妄語

所看見的相異、所認可的相異、所欲求〔註9〕的相異、所接觸的相異、所

〔註7〕上六種是就「見」而言，如詳述還應就「聞觸知」立論，再加十八段。
〔註8〕這段原應八句，首四句皆犯波逸提，即本文所列：第一句於三時（本心、說時、說後）有妄語之心，第二句於二時（本心、說時）有妄語之心，第三句於二時（說時、說後）有妄語之心，第四句只於說時有妄語之心。餘下四句，有三句皆犯突吉羅：第五句於說時無妄語之心，第六句於二時（說時、說後）無妄語之心，第七句於（本心、說時）無妄語之心。本句全無妄語之心，不犯。因這四句不犯波逸提，故律文不列出。
〔註9〕所欲求：〔大〕作「本所欲求」，〔宋元明〕〔宮〕缺「本」字，今從後者。

想念的相異、所心存的相異；〔註10〕凡此種種，皆是妄語，於大眾中明知而妄語，波逸提。

4. 違犯輕重

說得清楚，波逸提；說得不清楚，突吉羅。

說戒時……乃至三次查問憶念所犯罪而不說，突吉羅。

（三）兼制

比丘尼，波逸提；式叉摩那、沙彌、沙彌尼，突吉羅。這叫做犯。

（四）開緣

不犯：看不見說看不見、聽不到說聽不到、沒接觸過說沒接觸過、不知道說不知道、看見說看見、聽聞說聽聞、接觸過說接觸過、知道說知道、意念有看見的想法便說看見，不犯。

二、罵戒

提要：六群比丘趁僧眾裁斷僧事期間，責罵比丘，令比丘語塞。

（一）制戒因緣

1. 六群罵人

那時，佛在舍衛國祇樹給孤獨園。

這時，六群比丘在僧眾裁斷論諍〔註11〕時，用各種說話責罵比丘，比丘慚愧，忘記了前言後語，不能說話。

比丘們聽聞，其中少欲知足、行頭陀、喜好學戒、知慚愧者，怒聲斥責六群比丘：「為什麼六群比丘在僧眾裁斷論諍時，用各種說話責罵比丘，使人慚愧，忘記了前言後語，不能說話呢？」

當時，比丘們前往世尊之所，頭面禮足，坐在一旁，把這因緣全部稟告世尊。

2. 佛斥六群

那時，世尊藉這因緣召集比丘僧眾，怒聲斥責六群比丘：「你們做錯了！

〔註10〕這六種妄語方式，舉例而言：見到惡相，卻言見到好相；認可苦受，卻言是樂受；欲求財色，卻言樂著正法；接觸冷，卻言熱；生起怨想，卻言有親想；心緣此，卻言心緣彼。

〔註11〕裁斷論諍：〔大〕原作「斷諍事」。《巴利律》作 bhaṇḍantā，議論、訴訟、爭論。

不合威儀、不合沙門法、不是清淨的行為、不是隨順佛法的行為，都不應做。為什麼六群比丘在僧眾裁斷論諍時，用各種說話責罵比丘，使人慚愧，忘記了前言後語，使人不能說話呢？」

3. 鬥牛的故事〔註12〕

（1）拉車競賽

這時，世尊用無數方法怒聲斥責六群比丘後，告訴比丘們：「以往古代時，得剎尸羅〔註13〕國婆羅門有牛〔註14〕，日夜餵飼，刮刷按摩。」

「這時，得剎尸羅國又有長者，走遍城市街巷，自己高唱道：『誰有壯牛呢？跟我壯牛一同拉百輛車競賽，以黃金千兩〔註15〕為賭注呢？』」

「這時，婆羅門的牛聽聞高唱聲，自己想念：『這婆羅門日夜餵飼我，刮刷按摩，我現今應當竭盡所能，取得這千兩黃金，回報這人的恩情。』」

「這時，那頭牛便對婆羅門說：『你現在當知道，得剎尸羅國中有長者這樣高唱說：「誰有牛？跟我的牛一同拉車百輛競賽，以黃金千兩為賭注？」主人現在可以前往到那長者的家，說：「我有牛，可跟你的牛一同拉百輛車競賽，以黃金千兩為賭注。」』」

「這時，婆羅門便前往到長者的家，說：『我有牛，可跟你的牛一同拉百輛車競賽，以黃金千兩為賭注。』」

（2）牛受詆毀

「長者回答說：『現今正是適當時候。』婆羅門便牽來自己的牛，跟長者的牛一同拉百輛車競賽，以黃金千兩為賭注。」

「這時，許多人觀看，婆羅門於眾人面前說詆毀的話：『一隻角〔註16〕就可牽來。』」

「這時，牛聽聞這番詆毀的話，便心感慚愧，不肯出力跟對方競賽，於是長者的牛勝出，婆羅門的牛不如，輸掉黃金千兩。」

「這時，婆羅門對那頭牛說：『我日夜餵飼，按摩刮刷，希望你應給我盡力

〔註12〕這故事也見於巴利語《本生經》第28則。

〔註13〕得剎尸羅：音譯詞。《巴利律》作 Takkasilā，意譯「石室」；位於今巴基斯坦旁遮普省塔克西拉（Taxila）。

〔註14〕《巴利律》記這牛名為 Nandivisāla，意譯「歡喜滿」。

〔註15〕黃金千兩：《巴利律》只出千數，沒提到黃金，大抵是指 kahāpaṇa（貨幣）。

〔註16〕牛原有兩角，婆羅門說牠只有一角，實屬侮辱。《巴利律》作 kūṭa，無角；意表不會造成危險。

勝過那頭牛。為什麼今天反而令我輸掉黃金千兩呢?』牛對婆羅門說:『你在眾人前面詆毀我說:「一隻角就可牽來。」使我在眾人面前十分慚愧,所以再不能出力跟牠競賽拉車。如能更改之前的話,不再用言語相貌詆毀我,便可去跟那長者說:「能再次跟我的牛一同拉百輛車競賽,加倍拿出二千兩黃金。」』」

(3) 牛受讚賞

「婆羅門對牛說:『切勿再令我另輸掉二千兩黃金。』牛回報婆羅門說:『你不要再在眾人面前詆毀我說:「一隻角就可牽來。」在眾人面前應稱讚我:「適合牽拉,端正美好之角。」』」

「這時,婆羅門到那長者的家說:『能再跟我的牛一同拉百輛車競賽,以黃金二千兩為賭注。』長者報說:『現在正是適當時候。』」

「這時,婆羅門的牛與長者的牛一同拉百輛車競賽,以黃金二千兩為賭注,許多人一同觀看。這時,婆羅門在眾人面前稱讚牛說:『適合牽拉,端正美好之角。』牛聽聞這番話,即便用力與牠競賽拉車。婆羅門的牛得勝,長者的牛不如,婆羅門贏得二千兩黃金。」

4. 佛再訓斥

那時,佛對比丘們說:「凡人想說話時,當說好〔註17〕話,不應說壞話;說好話者善良,說壞話者令自己灼熱苦惱。所以比丘們,畜生被人詆毀,自己也會感到慚愧,不能努力,何況是人!被他人詆毀侮辱,怎能不感到慚愧呢?這些六群比丘是愚癡人,在僧眾裁斷諍事時,用各種說話責罵比丘,使人慚愧,忘記了前言後語,令人不能說話。」

(二)制戒內容

1. 佛制戒

這時,世尊用無數方法怒聲斥責六群比丘後,告訴比丘們:「這些愚癡人啊!會引生多種有漏,最初犯本戒。從今以後,跟比丘們結戒,為了這十句義……乃至使正法得以久住。想說戒者,應這樣說:

若比丘,種類〔註18〕毀呰語〔註19〕者,波逸提。」

〔註17〕好:〔大〕原作「善」。《巴利律》作 manāpa,合意的。
〔註18〕責罵的種類,本律舉出種、姓、行業、技術、違犯、結、疾患、罵八種;《巴利律》舉出 jāti(種)、nāma(名)、gotta(姓)、kamma(行業)、sippa(職技)、ābādha(病)、liṅga(相)、kilesa(煩惱)、āpatti(罪)、akkosa(惡罵)十種。
〔註19〕毀呰語:譭謗、非議的說話。《巴利律》作 omasavāda,罵語。

2. 釋義

（1）比丘：意義如上文所說。

（2）種類毀呰人：卑賤姓氏家族出生者，行業亦卑賤，技術工巧亦卑賤；或說：「你是犯罪的人」，或說：「你是多結使的人」，或說：「你是盲人」，或說：「你是禿子、瞎子」：

1）卑：旃陀羅〔註20〕種〔註21〕、除糞〔註22〕種、竹師〔註23〕種、車師〔註24〕種。

2）卑姓〔註25〕：拘湊〔註26〕、拘尸婆蘇晝〔註27〕、迦葉、阿提利夜〔註28〕、婆羅墮〔註29〕；如本身並非卑賤的姓氏，卻學習卑賤的技術，即是卑賤的姓氏。

3）卑業：販賣豬羊、殺牛、養鷹鷂〔註30〕、獵人、網魚、盜賊、捕賊、守城、獄卒。

4）卑伎：鍛工、木工、瓦陶工、皮革〔註31〕匠、剃髮匠、簸箕〔註32〕匠。

5）犯：波羅夷、僧伽婆尸沙、波逸提、波羅提提舍尼、偷蘭遮、突吉羅、惡說。

6）結：從瞋恚……乃至五百結〔註33〕。

7）盲瞎：目盲瞎眼、手腳彎曲〔註34〕、跛足、聾啞，及各種加諸人的疾患。

如比丘，辱罵其他比丘說：「你出生於卑賤的家族，你的職業卑賤、技術

〔註20〕旃陀羅：音譯詞。《巴利律》作 caṇḍāla，賤民。

〔註21〕種：《巴利律》作 jāti，出生、血統、種類。

〔註22〕除糞：《巴利律》作 pukkusa，屠宰者、除糞者、清垃圾者。

〔註23〕竹師：《巴利律》作 veṇa，竹匠、竹籠製作。

〔註24〕車師：《巴利律》作 rathakāra，車匠、造車者。

〔註25〕姓：《巴利律》作 gotta，姓、家系。

〔註26〕拘湊：音譯詞。《巴利律》作 kosiya，貓頭鷹。

〔註27〕拘尸婆蘇晝：音譯詞，原語不明。古印度卑下之姓。

〔註28〕阿提利夜：音譯詞。巴利語或 acela，裸體行者。

〔註29〕婆羅墮：音譯詞。《巴利律》作 bhāradvāja，意譯「利根、捷疾」。

〔註30〕鷂：似鷹而小。

〔註31〕皮革：〔大〕原作「皮韋」。「韋」，熟牛皮。

〔註32〕簸箕：揚米去糠的工具。

〔註33〕五百結：按九十八使分五品，共四百九十使，加上根本十使，合為五百。又《大智度論》卷7記《犢子兒阿毗曇》言「纏有五百」，或即「五百結」。

〔註34〕手足彎曲：〔大〕原作「癴」，通「攣」。

卑賤，你違犯，你充滿結使，你禿頭瞎眼」。諸如此類，例如：

1）面罵：說：「你於旃陀羅家出生、於除糞家出生、是竹師種、車師種、拘湊、拘尸婆蘇畫、迦葉、阿提梨夜、婆羅墮種。如本身並非卑賤的姓氏，而學習卑賤的技術，即是卑賤的姓氏。你是做買賣的人、殺牛豬羊的人，你是盜賊、捕賊，你是守城、獄卒；你是鍛工、木工、瓦陶工、皮革匠、剃髮匠；你是犯波羅夷、僧伽婆尸沙、波逸提、波羅提提舍尼、偷蘭遮、突吉羅、惡說的人；你是有從瞋恚……乃至五百結的人；你是目盲瞎眼、禿頭、跛足、聾啞，及身負各種疾患的人。」

2）喻罵：「你似旃陀羅種、你似除糞種、你似竹師種、你似車師種、你似拘湊、你似拘尸婆蘇畫種、你似迦葉種、你似阿提梨夜種、你似婆羅墮種、你似販賣豬羊的人、你似殺牛的人、你似養鷹鷂的人，你似網魚、獵人，你似盜賊、捕賊，你似守城、獄卒；你似鍛工、你似木工、你似瓦陶工、你似皮革匠、你似剃髮匠；你似犯波羅夷的人、你似犯僧伽婆尸沙的人、你似犯波逸提的人、你似犯波羅提提舍尼的人、你似犯偷蘭遮的人、你似犯突吉羅的人、你似犯惡說的人；你似充滿煩惱的人、你似目盲瞎眼、你似禿子、你似跛子、你似聾啞。」

3）自比罵：「我非旃陀羅種，我非除糞種，我非竹師種，我非車師種，我非拘湊、拘尸婆蘇畫、迦葉、阿提梨夜、婆羅墮、販賣豬羊、殺牛的人、養鷹鷂的人、網魚、獵人、盜賊、捕賊、守城、獄卒、鍛工、木工、竹工、車匠、瓦陶工、皮革匠、剃髮匠；我非犯波羅夷的人、犯僧伽婆尸沙的人、犯波逸提的人、犯波羅提提舍尼、偷蘭遮、突吉羅、惡說的人，我沒有結使，我非目盲瞎眼、禿子、跛子、聾啞。」

3. 違犯輕重

如比丘，說以上各種詆毀侮辱的話，波逸提。如各種詆毀侮辱，說得清楚，波逸提；不清楚，突吉羅。

如以說善法的方式而面罵、喻罵，或自比罵；說善法，即阿蘭若、乞食、補納衣……乃至坐禪人〔註35〕：

（1）面罵：你是阿蘭若……乃至坐禪人。

（2）喻罵：你似阿練若……乃至坐禪人。

（3）自比罵：我非是阿練若……乃至我非坐禪人。

〔註35〕按對方非阿蘭若……乃至坐禪人，而說他是阿蘭若……乃至坐禪人，雖非惡口罵人，但亦令對方尷尬。

如比丘，說善法，面罵、人喻罵、自比罵，說得清楚，突吉羅；說得不清楚，亦突吉羅。

（三）兼制

比丘尼，波逸提；式叉摩那、沙彌、沙彌尼，突吉羅。這叫做犯。

（四）開緣

不犯：為相互利益而故意說、為佛法而故意說、為戒律而故意說、為教授而故意說、為親友而故意說，或戲笑說，或交談時漏咀說錯，或獨處時說，或於夢中說，或想說這樣卻錯說那樣，無犯。

三、兩舌戒

提要：六群比丘於僧眾之間傳話，令本無爭執者起爭執，爭執已起者不能止。

（一）制戒因緣

1. 挑撥離間

那時，佛在舍衛國祇樹給孤獨園。

這時，六群比丘在比丘間彼此說話，把這人在屏蔽處所說的告訴那人，又把那人屏蔽處所說的告訴這人，沒完沒了，導致僧眾中原本沒有鬥諍〔註36〕而發生鬥諍，已有鬥諍而無法和解。

比丘們各自這樣想念：「僧眾為什麼原本沒有鬥諍而有這些鬥諍，已有鬥諍則無法和解呢？」

比丘們自己知道這些六群比丘在彼此間說話，導致眾僧中發生鬥諍，之前沒有鬥諍而發生鬥諍，已有鬥諍而無法滅除。

當時，僧眾中有少欲知足、行頭陀、喜好學戒、知慚愧者，怒聲斥責六群比丘說：「為什麼你們在彼此間說話，導致僧眾中之前沒有鬥諍而發生鬥諍，已有鬥諍而無法和解呢？」

比丘們前往到世尊之所，頭面禮足，坐在一旁，把這段因緣全部稟告世尊。

2. 佛斥六群

世尊藉這因緣召集比丘僧眾，怒聲斥責六群比丘：「為什麼你們在彼此間說話，導致僧眾中之前沒有鬥諍的而發生鬥諍，已有鬥諍的而無法和解呢？」

─────────────
〔註36〕鬥諍：〔大〕原作「鬭諍」，下同。《巴利律》作 bhaṇḍantā，爭論。

3. 野干挑撥的故事

這時，世尊用無數方法怒聲斥責六群比丘後，告訴比丘們：「你們當聆聽，從前有兩隻猛獸相伴，一叫善牙獅子，一叫善博老虎，日夜等待機會捕鹿。」

「這時，有一野干〔註37〕跟隨這兩頭猛獸之後，食他們的剩肉以活命。」

「這時，那野干自己私下想：『我現今不能長期跟隨牠們，應用什麼方法挑撥牠們兩頭猛獸，使我不用再跟隨？』」

「這時，野干便前往善牙獅子之處，這樣對善牙說：『善博老虎曾這樣說：「我出生之處較佳，種族較佳，體形和毛色勝於你，力量強於你。為什麼？我日日都得到美食，善牙獅子跟在我身後，只吃我的剩肉以活命。」野干即說偈：『形色及所生，大力而復勝；善牙不能善，善博如是語。』」

「善牙問野干說：『你怎樣知道呢？』」

「野干答道：『你們兩頭猛獸共聚一處相見時，你自己就知道。』」

「這時，野干私下跟善牙說話後，便去跟善博老虎說：『你知道嗎？善牙曾這樣說：「而我現在種族、出生之處全都優勝於你，力量亦較強。為什麼？我經常吃美好的肉，善博老虎只吃我的剩肉以活命。』即說偈：『形色及所生，大力而復勝；善博不能善，善牙如是語。』」

「善博問：『你怎樣知道呢？』」

「野干答道：『你們兩頭猛獸共聚一處相見時，你自己就知道。』」

「其後兩頭猛獸共處時，怒目對望，善牙獅子便這樣想念：『我不應不問便先下手打牠。』」

「這時，善牙獅子向善博老虎說偈問：『形色及所生，大力而復勝，善牙不如我。善博說是耶？』牠自己想念道：『必定是野干挑撥我們。』」

「善博老虎說偈回答善牙獅子：『善博不說是，形色及所生；大力而復勝，善牙不能善。若受無利言，信他彼此語；親厚自破壞，便成於冤家。若以知真實，當滅除瞋惱；今可至誠說，令身得利益。今當善降伏，除滅惡知識；可殺此野干，鬥亂我等者。』」

「牠們便襲擊野干，殺死牠，兩頭猛獸和好如初。」

4. 佛再訓斥

那時，佛告訴比丘們：「這兩頭猛獸被他人中傷，共聚一處相見時尚且不

〔註37〕野干：狐狸的一種。

快，何況是人，被人中傷，心裏怎能不苦惱呢？為什麼六群比丘挑撥彼此各人，之前沒有鬥諍的而發生鬥諍，已有鬥諍的而無法和解呢？」

（二）制戒內容

1. 佛制戒

這時，世尊用無數方法怒聲斥責六群比丘後，告訴比丘們：「這些愚昧人啊！會引生多種有漏，最初犯本戒。從今以後，跟比丘們結戒，為了這十句義……乃至使正法得以久住。想說戒者，應這樣說：

　　若比丘，兩舌語〔註38〕，波逸提。」

2. 釋義

（1）比丘：意義如上文所說。

（2）兩舌：比丘鬥亂比丘、比丘尼、式叉摩那、沙彌、沙彌尼、優婆塞、優婆夷、國王及大臣、外道、異學沙門、婆羅門。比丘尼又鬥亂比丘尼、式叉摩那、沙彌、沙彌尼、優婆塞、優婆夷、國王及大臣、外道、異學〔註39〕、沙門、婆羅門、比丘。式叉摩那又鬥亂式叉摩那、沙彌、沙彌尼、優婆塞、優婆夷、國王及大臣、外道、異學、沙門、婆羅門、比丘、比丘尼。沙彌又鬥亂沙彌、沙彌尼、優婆塞、優婆夷、國王及大臣、外道、異學、沙門、婆羅門、比丘、比丘尼、式叉摩那。沙彌尼又鬥亂沙彌尼、優婆塞、優婆夷、國王及大臣、外道、異學、沙門、婆羅門、比丘、比丘尼、式叉摩那、沙彌、沙彌尼。優婆塞又鬥亂優婆塞、優婆夷、國王及大臣、外道、異學沙門、婆羅門、比丘、比丘尼、式叉摩那、沙彌、沙彌尼。優婆夷又鬥亂優婆夷、國王及大臣、外道、異學、沙門、婆羅門、比丘、比丘尼、式叉摩那、沙彌、沙彌尼、優婆塞。國王又鬥亂國王及大臣、外道、異學、沙門、婆羅門、比丘、比丘尼、式叉摩那、沙彌、沙彌尼、優婆塞、優婆夷。大臣又鬥亂大臣、外道、異學、沙門、婆羅門、比丘、比丘尼、式叉摩那、沙彌、沙彌尼、優婆塞、優婆夷、國王。各種外道、沙門、婆羅門又鬥亂各種外道、沙門、婆羅門、比丘、比丘尼、式叉摩那、沙彌、沙彌尼、優婆塞、優婆夷、國王及大臣。

（3）鬥亂：某甲這樣說：「你是旃陀羅種、除糞種、竹師種、車師種、拘湊、拘尸婆蘇晝種、迦葉、阿提梨夜、婆羅墮，販賣豬羊、殺牛、養鷹、網魚、

〔註38〕兩舌語：《巴利律》作 pesuñña，離間語、中傷、誹謗。

〔註39〕異學：佛弟子以外的修行者。

打獵、做賊、捕賊、守城、獄卒、鍛工、陶工、皮革匠、剃髮匠；你犯波羅夷、僧伽婆尸沙、波逸提、波羅提提舍尼、偷蘭遮、突吉羅、惡說；結使者，從瞋恚⋯⋯乃至五百結；禿子、目盲瞎眼、跛子、聾啞。」

3. 違犯輕重

如有比丘的破斥，都是對比丘的鬥亂，說得清楚，波逸提；說得不清楚，突吉羅。

（三）兼制

比丘尼，波逸提；式叉摩那、沙彌、沙彌尼，突吉羅。這叫做犯。

（四）開緣

不犯：破斥惡知識、破斥壞同伴、破斥設法破壞僧眾者、破斥協助破壞僧眾者、破斥二人或三人行羯磨者，破斥行不合法羯磨者、行不合律的羯磨者；破斥或僧眾，或塔，或廟，或和尚、同和尚，或阿闍梨、同阿闍梨，或朋友，或親友，常常這樣說者，沒有道理也沒有利益，或設法令之沒有道理也沒有利益，破斥這樣的人，不犯。

四、共女人宿戒〔註40〕

提要：阿那律投宿婬女家，又接受她的供養。

（一）制戒因緣

1. 住婬女家

那時，佛在舍衛國祇樹給孤獨園。

這時，尊者阿那律從舍衛國走向拘薩羅國途中，到一無比丘住處的村落，問道：「誰給我住處呢？」

阿那律聽聞那處有一婬女〔註41〕家，常安頓賓客在門屋〔註42〕下居住。

這時，阿那律即前到那婬女家說：「大妹，想暫住一晚，可以這樣嗎？」

婬女答道：「可住，門屋下寬敞，隨意住宿。」

阿那律即到門屋下，自行敷設草蓐、坐具，結跏趺坐，專心思惟，意念繫住當下。

〔註40〕《巴利律》作第 6 戒。

〔註41〕婬女：《巴利律》作 itthi，女子、婦女。

〔註42〕門屋：屋舍門口的建築。《巴利律》作 āvasathāgāra，招待所、客棧。

2. 留宿擠迫

那時，拘薩羅國長者們因為行旅經過，到那村尋求住宿地方，也聽聞那婬女家常安頓賓客，即便到其家尋求寄宿說：「想暫住一晚，可以這樣嗎？」

婬女答道：「我先前已聽許一沙門住宿，你可問那沙門，可以一起度宿便可。」

那些人即前往阿那律之所說道：「我先前向主人求寄宿得到聽許，今想一起度宿，沒有妨礙嗎？」

阿那律答道：「我已敷設好草墊，門屋寬大，可隨意住宿，不用疑慮吧。」

當時，長者們即到門屋下，長者同伴甚多，坐下相逼近。

3. 女邀入屋

那時，婬女見到後，即生起憐愍的意念，心想道：「這阿那律是豪貴的後代，習於安樂已久，不能耐苦。現今長者們一起逼近。」即到阿那律之所說道：「尊者習於安樂已久，不能耐苦，現今長者們卻一起逼近，尊者可入我舍內度宿嗎？」

阿那律報說：「可以。」

這時，阿那律即便入屋舍，在其坐處，結跏趺坐，意念繫住當下。

這時，婬女室中點燃燈燭，終夜不熄。

初夜〔註43〕時，婬女到阿那律之所說道：「近有長者們，屬婆羅門種，有許多財寶，皆來對我說：『可成為我的妻子』。我即對這些長者說：『你們樣貌醜陋，不能成為你們的妻子；如是樣貌端正者，我現今當成為他的妻子』。我看到尊者的形貌端正，可否成為我的丈夫呢？」

這時，尊者阿那律雖然聽聞這番話，默然不答，也不觀望。為什麼？因為尊者已證得無上〔註44〕二俱解脫〔註45〕。

4. 脫衣引誘

到後夜〔註46〕之末、曙光將現。

這時，婬女又對阿那律說：「婆羅門長者們皆有許多財寶，對我說：『成為我的妻子』，我即不聽許。然而，阿那律容顏端正，可否成為我的丈夫呢？」

〔註43〕初夜：夜晚之初段，約下午六時至十時。
〔註44〕無上：至上。
〔註45〕二俱解脫：定、慧兩者皆圓滿的解脫狀態。
〔註46〕後夜：夜晚之末段，約午夜二時至清晨六時。

阿那律仍默然不答，也不觀望。為什麼？因為尊者已證得無上二俱解脫。

當時，這婬女即脫去衣裳，上前捉住他。

5. 降伏婬女

那時，阿那律用神足力，踴躍跳上半空。

婬女見到慚愧，裸身蹲下，即急忙取衣穿上後，叉手合掌，仰起面向空中，對阿那律說：「懺悔啊！懺悔啊！」這樣說了三次。又說：「願尊者回來到本處坐下。」

阿那律即下來坐在本處。

這女人禮阿那律足後，退後坐在一旁，阿那律為她說各種微妙佛法，所謂布施的義理、持戒的義理、生天的義理；怒斥欲望和婬行，度脫有漏的繫縛，稱讚脫離世間為樂，有助解脫。

當時，婬女即於座上，各塵垢盡消，得法眼淨。

6. 婬女歸依

那時，婬女察見佛法、得證佛法後，說：「唯願聽許我成為優婆夷，歸依佛、法、僧；從今以後，終身不殺生……乃至不飲酒。願尊者今日接受我請食。」

阿那律默然接受。

那婬女知道阿那律默然接受請食後，即籌辦各種美味飲食供養，食後取一小床，在阿那律之前坐下。

阿那律為她說各種佛法，勸喻令她心喜，為她說法後，離座而去，回到僧伽藍中，把這段因緣全部告訴比丘們。

這時，僧眾中有少欲知足、行頭陀、喜好學戒、知慚愧者，譏議嫌惡阿那律說：「為何阿那律，跟婦女同室度宿呢？」

比丘們前往到世尊之所，頭面禮足，坐在一旁，把這因緣全部稟告世尊。

7. 佛斥犯者

世尊即藉這因緣召集比丘僧眾，明知故問阿那律說：「你確實跟女人單獨同室度宿嗎？」

阿那律答道：「確實這樣。」

佛用無數方法怒聲斥責阿那律說：「你做錯了！不合威儀、不合沙門法、不是清淨的行為、不是隨順佛法的行為，都不應做。為什麼阿那律跟婦女同室度宿呢？」

（二）制戒內容

1. 佛制戒

世尊用無數方法怒聲斥責阿那律後，告訴比丘們：「從今以後，跟比丘們結戒，為了這十句義……乃至使正法得以久住。想說戒者，應這樣說：

若比丘，與婦女〔註47〕同室宿者，波逸提。」

2. 釋義

（1）比丘：意義如上文所說。

（2）婦女：女人，有知覺、命根未斷。

（3）室：四周有牆壁，上有覆蓋；或前面敞開而無牆壁；或四周有牆壁而上無覆蓋；或雖有覆蓋而不完全；或雖全覆蓋而有開通之處，這些便是室。

3. 違犯輕重

如比丘，先留宿，婦女後到；或婦女先到，比丘後到；或二人同時到達，如身體打斜躺臥〔註48〕，隨著脅肋接觸〔註49〕地面，波逸提；隨著身體轉側，波逸提。

如跟天女、阿修羅女、龍女、夜叉女、餓鬼女同室度宿，突吉羅。

跟能變化、不能變化的畜生女同室度宿，突吉羅。

如跟黃門、陰陽人同室度宿，突吉羅。

白晝婦女站立，比丘躺臥，突吉羅。

（三）兼制

比丘尼，波逸提；式叉摩那、沙彌、沙彌尼，突吉羅。這叫做犯。

（四）開緣

不犯：或比丘不知那室內有婦女而度宿；或比丘先至、婦女後至，而比丘不知悉；或屋有覆蓋而四邊無障隔，或全覆蓋而半障隔，或全覆蓋而少障隔，或有障隔而不覆蓋，或四邊全有障隔而少覆蓋，或半覆蓋半障隔，或少覆蓋少障隔，或是不覆蓋不障隔的露天地方，無犯。

在這室內，或行或坐，無犯。

或頭暈倒地，或因病躺臥，無犯。

〔註47〕婦女：《巴利律》作 mātugāma，婦人、女人。
〔註48〕打斜躺臥：〔大〕原作「亞臥」。
〔註49〕接觸：〔大〕原作「著」。

或被強而有力者捉住，或被人所綑縛，或性命有危險、梵行受威脅，無犯。

五、共未受具人宿過限戒

提要：比丘散心睡眠，轉側露出身體，為人看到。

（一）制戒因緣

1. 睡覺露體

那時，世尊在曠野城。

六群比丘跟長者們一起在講堂住宿。

這時，六群比丘中一人，睡眠時心意散亂，毫無覺知，身體略微轉側，露出身體。

這時，有比丘用衣服覆蓋他後，那比丘又轉側，露出身體；一比丘再用衣服覆蓋，不久又身體轉側，形體更勃起〔註50〕。

這時，長者們見到後，便生起譏議嫌惡，大笑戲弄。

這時，睡眠比丘心懷慚愧，面目無光〔註51〕，比丘們也慚愧。

其中少欲知足、知慚愧、行頭陀、喜好學戒者，譏議嫌惡這比丘說：「為何六群比丘跟長者們一起度宿呢？」

當時，比丘們即前往世尊之所，頭面禮足，坐在一旁，把這因緣全部稟告世尊。

2. 佛斥犯者

那時，世尊藉這因緣召集比丘們，怒聲斥責六群比丘：「你們做錯了！不合威儀、不合沙門法、不是清淨的行為、不是隨順佛法的行為，都不應做。為何六群比丘跟長者們一起度宿呢？」

（二）制戒內容

1. 佛初制戒

世尊用無數方法怒聲斥責六群比丘後，告訴比丘們說：「這六群比丘，愚癡人啊！會引生多種有漏，最初犯本戒。從今以後，跟比丘們結戒，為了這十句義……乃至使正法得以久住。想說戒者，應這樣說：

若比丘，與未受大戒人〔註52〕共宿，波逸提。」

〔註50〕形體勃起：〔大〕原作「形起」；意謂有生理反應。

〔註51〕面目無光：〔大〕原作「無顏」。

〔註52〕受大戒人：《巴利律》作 upasampanna，已受具足戒的。

這樣世尊跟比丘結戒。

2. 羅云宿廁

那時，佛在拘睒毘國，比丘們這樣說：「佛不聽許我們跟未受大戒人一起度宿，應遣送羅云〔註53〕出去。」

這時，羅云無屋住，便去廁所〔註54〕度宿。

這時，佛知道了，往訪廁所，發出咳嗽〔註55〕聲。

這時，羅云又咳嗽，世尊明知故問：「這裏有誰人呢？」

羅云答道：「我是羅云。」

佛又問：「你在這裏做什麼呢？」

羅云答道：「比丘們說：『不得跟未受具戒人一起度宿』，驅逐我出去。」

世尊立即說：「為何愚癡比丘毫無慈心，驅逐小兒出去呢？哪位佛弟子不維護我的意願呢？」便指示其他比丘找來羅云，帶他進入住房，共同度宿一夜。

3. 修訂前制

明日大清早，佛召集比丘們告訴說：「你們毫無慈心，驅逐出小兒，這些佛弟子不維護我的意願吧！從今以後，聽許比丘們跟未受大戒人一起度宿兩晚，或至第三晚，曙光未出時，應起來避走；如度宿至第四晚，或自己離去，或指示未受戒人離去〔註56〕。從今以後，應這樣說戒：

若比丘，與未受大戒人共宿，過二宿，至三宿，波逸提。」

4. 釋義

（1）比丘：意義如上文所說。

（2）未受戒人者：除比丘、比丘尼外，其餘未受大戒人便是。

（3）同室宿者：如上文所說〔註57〕。

5. 違犯輕重

或比丘先至、未受大戒人後至，未受戒人前至、比丘後至，或二人一起到

〔註53〕羅云：音譯詞。《巴利律》作 Rāhula，意譯「覆障、障月」；佛俗家時的兒子，以嚴持戒律、精進修道聞名，被譽為「密行第一」。

〔註54〕廁所：〔大〕原作「廁」。《巴利律》作 vaccakuṭi，便溺室。

〔註55〕咳嗽：〔大〕原作「謦欬」。《巴利律》作 ukkāsi，咳嗽（以引人注意）、清嗓子。

〔註56〕這意謂曙光將出，突吉羅；至這四晚初夜，脅肋著地，即犯波逸提。

〔註57〕這指未受具戒者。

達，或脅肋接觸地即犯，或稍微轉側亦犯。

或與天男、阿須羅男、乾闥婆男、夜叉男、餓鬼男，以及能變化、不能變化的畜生，一起度宿過二夜、三夜，突吉羅。

（三）兼制

比丘尼，波逸提；式叉摩那、沙彌、沙彌尼，突吉羅。這叫做犯。

（四）開緣

不犯：或比丘先不知有未受戒人住在那室，未受戒人在後時才來；或未受戒人先至、比丘後至；或屋上有覆蓋而四邊無障隔、或全覆蓋而半障隔、或全障隔而少覆蓋、或半障隔半覆蓋、或少障隔少覆蓋，或空曠的露天地方，或一起坐，或一起經行，不犯。

或頭暈倒地，或因病躺臥，或被強而有力者捉住，或被人繫綁拘禁，或性命有危險、梵行受威脅，不犯。

六、與未具人同誦戒〔註58〕

提要：六群比丘與長者們一起在講堂誦經，聲大如婆羅門，擾亂坐禪。

（一）制戒因緣

1. 誦聲過大

那時，佛在曠野城。

六群比丘跟長者們一起在講堂誦佛經，聲浪高大，如婆羅門誦書聲無異，擾亂坐禪者們。

這時，比丘們聽聞後，其中少欲知足、行頭陀、喜好學戒、知慚愧者，譏議嫌惡六群比丘說：「為何與長者們在講堂中一起誦經，有如婆羅門誦書聲呢？」

這時，比丘們前往世尊之所，頭面禮足，坐在一旁，把這因緣全部稟告世尊。

2. 佛斥犯者

那時，世尊藉這因緣召集比丘僧眾，怒聲斥責六群比丘：「你們為何跟長者在講堂中一起誦經，聲如婆羅門無異呢？」

〔註58〕《巴利律》作第4戒。

（二）制戒內容

1. 佛制戒

世尊用無數方法怒聲斥責六群比丘後，告訴比丘們：「這些愚癡人啊！會引生多種煩惱，最初犯本戒。從今以後，跟比丘們結戒，為了這十句義……乃至使正法得以久住。想說戒者，應這樣說：

若比丘，與未受戒人共誦〔註59〕者，波逸提。」

2. 釋義

（1）比丘：意義如上文所說。

（2）未受戒者：除比丘、比丘尼外其餘的人便是。

（3）句義非句義、句味非句味、字義非字義：

1）句義：與人一起誦經，不超前亦不墮後，如說「諸惡莫作，諸善奉行；自淨其意，是諸佛教」。

2）非句義：如一人說「諸惡莫作」未完，第二人搶先說完「諸惡莫作」。

3）句味：二人一起誦經，不超前亦不墮後，如說「眼無常、耳無常……乃至意無常」。

4）非句味：如人未說「眼無常」，第二人搶先說「眼無常」。

5）字義：二人一起誦經，不超前亦不墮後，如說「阿、羅、波、遮、那」〔註60〕。

6）非字義：如一人未說「阿」，第二人搶先說「阿」。

（4）句法：佛所說、聲聞所說、仙人所說、眾天所說。

3. 違犯輕重

如比丘，跟未受戒人一起誦經，說第一類、說第二類、說第三類〔註61〕，或口授經本、同聲而誦；或誦經未完便寫下來〔註62〕，如清楚，波逸提；說得不清楚，突吉羅。

跟天子、阿修羅子、夜叉子、龍子、乾闥婆子、能變化的畜生一起誦經，說第一類、說第二類、說第三類，說得清楚或不清楚，突吉羅。

〔註59〕誦：《巴利律》作 padaso dhammaṃ vāceyya，逐句誦法。

〔註60〕阿羅波遮那：梵語音譯，即 a（阿）、ra（羅）、pa（波）、ca（遮）、na（那）。

〔註61〕說第一類、說第二類、說第三類：〔大〕原作「一說、二說、三說」，意謂上文所說的「非句義、非句味、非字義」。

〔註62〕或口授……書寫下來：〔大〕原作「若口授、若書授」。

如師不教導說：「我說完了，你可說」，師犯突吉羅。

（三）兼制

比丘尼，波逸提；式叉摩那、沙彌、沙彌尼，突吉羅。這叫做犯。

（四）開緣

不犯：我說完你說；一人誦讀完一人才書寫；或兩人一同受學、一同誦讀；或開玩笑時說，或急速地說，或獨自說，或夢中說，或想說這樣卻錯說那樣，無犯。

七、向非具人說麤罪戒〔註63〕

提要：六群比丘在居士面前，羞辱一些正在受罰的比丘，損害僧眾聲譽。

（一）制戒因緣

1. 羞辱比丘

那時，佛在羅閱城耆闍崛山中。

這時，有行波利婆沙〔註64〕、摩那埵〔註65〕的比丘坐在後排〔註66〕。

這時，六群比丘對白衣們說：「你們是否知悉那些坐在後排的人嗎？」

白衣報說：「我們不知。」

六群比丘說道：「他們犯這樣的事〔註67〕，犯這樣的事的緣故，僧眾懲罰，令他們坐在後排。」

有過犯的比丘聽聞慚愧，其餘比丘聽聞也慚愧。

其中少欲知足、行頭陀、喜好學戒、知慚愧者，譏議嫌惡六群比丘說：「為何比丘犯了麤惡事，而向白衣說呢？」

比丘們前往世尊之所，頭面禮足，坐在一旁，把這因緣全部稟告世尊。

2. 佛斥犯者

世尊藉這因緣召集比丘僧眾，怒聲斥責六群比丘說：「你們為何知道比丘

〔註63〕《巴利律》作第9戒。

〔註64〕波利婆沙：音譯詞。《巴利律》作 parivāsa，意譯「別住」，即個別住在卑下小房。

〔註65〕摩那埵：音譯詞。巴利語 mānatta，意譯「意喜、悅眾意、折伏貢高、下意」；意謂犯者懺罪，承事僧眾，犯者及大眾都歡喜。

〔註66〕後排：〔大〕原作「下行」。《巴利律》作 bhattagge āsanapariyante，飯堂中最邊緣的座位。

〔註67〕《巴利律》記比丘犯了「僧殘・故失精戒第1」。

犯麤惡事，而向白衣說呢？」

（二）制戒內容

1. 佛初制戒

世尊用無數方法怒聲斥責後，告訴比丘們：「這些愚癡人啊！會引生多種有漏，最初犯本戒。從今以後，跟比丘們結戒，為了這十句義……乃至使正法得以久住。想說戒者，應這樣說：

若比丘，比丘犯麤惡罪〔註68〕，向未受大戒人說，波逸提。」

這樣世尊跟比丘結戒。

2. 修訂前制

那時，比丘或不知道是麤惡罪、不知道不是麤惡罪，其後才知道是麤惡罪；或有行波逸提懺悔，或有畏懼謹慎。

佛說：「不知道者，無犯。從今以後，應這樣說戒：

若比丘，知比丘犯麤惡罪，向未受大戒人說者，波逸提。」

這樣世尊跟比丘結戒。

3. 再修訂前制

那時，舍利弗為僧眾所差遣，在王眾及各民眾中說調達〔註69〕的過犯：「調達的作為，不要說是依從佛、法、僧，應知這是調達的作為。」

舍利弗聽聞後，便生起畏懼謹慎之心，〔註70〕比丘們知道後，前往稟告世尊。

世尊告說：「僧眾所差遣，無犯。從今以後，應這樣說戒：

若比丘，知他有麤惡罪，向未受大戒人說，除僧羯磨〔註71〕，波逸提。」

4. 釋義

（1）比丘：意義如上文所說。

（2）未受大戒者：除比丘、比丘尼外其餘的人便是。

（3）麤惡罪：四波羅夷、僧伽婆尸沙。

（4）僧：一同羯磨、一同說戒。

〔註68〕麤惡罪：《巴利律》作 duṭṭhulla āpatti，粗惡罪。

〔註69〕調達：提婆達多的異譯。

〔註70〕這表示舍利弗聽到佛所制戒，心生畏懼，不敢再斥責惡比丘。

〔註71〕僧羯磨：《巴利律》作 bhikkhusammuti，比丘同意。

5. 違犯輕重

如比丘，知道他人有麤惡罪，向未受大戒人說，除僧羯磨，波逸提。如說得清楚，波逸提；不清楚，突吉羅。

除麤惡罪外，向未受大戒人說其他罪，突吉羅；自己犯麤惡罪，向未受大戒人說，突吉羅。

除比丘、比丘尼外，把餘人的麤惡罪，向未受大戒人說，突吉羅。

6. 境想

麤惡罪，有麤惡的想法，波逸提；麤惡罪，起疑，突吉羅。

非麤惡，有麤惡罪的想法，突吉羅；非麤惡，起疑，突吉羅。

（三）兼制

比丘尼，波逸提；式叉摩那、沙彌、沙彌尼，突吉羅。這叫做犯。

（四）開緣

不犯：或不知道是麤惡罪，或僧眾差遣；麤惡，有非麤惡的想法；或白衣先已聽聞這麤惡罪，無犯。

八、實得道向未具者說戒

提要：同「波羅夷・大妄語戒第 4」

（一）制戒因緣

1. 妄說得證

那時，佛在毘舍離獼猴池樓閣精舍。……藉這因緣召集比丘僧眾，佛明知故問：「婆求園比丘確實這樣嗎？」

比丘稟告佛說：「確實這樣，世尊。」

2. 佛斥犯者

佛說：「你們這些愚癡人啊！確實證悟猶不得向人說，何況不確實呢？」

（二）制戒內容

1. 佛制戒

世尊用無數方法怒聲斥責婆求園比丘後，告訴比丘們：「這些愚癡人啊！會引生多種有漏，最初犯本戒。從今以後，跟比丘們結戒，為了這十句義……乃至使正法得以久住。想說戒者，應這樣說：

若比丘，向未受大戒人說過人法，言：『我見是、我知是』；實〔註72〕者，波逸提。」

2. 釋義

（1）比丘：意義如上文所說。

（2）未受大戒者：除比丘、比丘尼外其餘的人便是。

（3）人法：人陰、人界、人入。

（4）上人法：出離生死的各種法門，自言：「得身念，善思惟，有戒、有欲、有不放逸、有精進、有定、有正定、有道、有修行、有智慧、有見、有得、有果」。〔註73〕

3. 違犯輕重

如他確實有這事，向未受大戒人說，清楚，波逸提；不清楚，突吉羅。

如送手印、寫信，或做出令人知悉的形相、派使者，清楚，波逸提；不清楚，突吉羅。

向天子、阿修羅子、夜叉子、乾闥婆子、龍子、餓鬼子、能變化或不能變化的畜生，說得上人法，清楚或不清楚，突吉羅。

如確實得上人法，向表示不同意的受大戒人說，突吉羅。

如自稱說：「我得根、力、覺、道、禪定、解脫、入三昧」，向人說者，波逸提。

（三）兼制

比丘尼，波逸提；式叉摩那、沙彌、沙彌尼，突吉羅。這叫做犯。

（四）開緣

不犯：或增上慢；或自言這是業報，不說是從修行得到；或向同意比丘說實得上人法；或說明「根、力、覺、道、解脫、入三昧」，但不向人說我得到；或戲笑說、獨自語，或夢中說、想說這樣卻錯說那樣，無犯。

九、與女人說法過限戒〔註74〕

提要：迦留陀夷跟女人耳語說法。

〔註72〕實：《巴利律》作 bhūta，真實的。
〔註73〕釋義參看「波羅夷・大妄語戒第 4」。
〔註74〕《巴利律》作第 7 戒。

（一）制戒因緣

1. 跟女子耳語

那時，佛在舍衛國祇樹給孤獨園。

這時，尊者迦留陀夷〔註75〕，在時間到了，穿衣持鉢，拜訪大長者家〔註76〕，在家姑面前，湊近她的媳婦耳邊，小聲說法。

家姑見到，即問媳婦說：「之前比丘說了什麼呢？」

媳婦報說：「為我說法。」

家姑對媳婦說：「如果是說法，應當大聲說，讓我們聽聞，為何單獨跟你耳語呢？」

她的媳婦報說：「之前的說話有如兄弟間的說話無別，沒有其他過失。」

這時，乞食比丘聽聞，即怒聲斥責迦留陀夷說：「為何尊者於家姑面前，湊近她的媳婦耳邊，小聲說法呢？」

這時，乞食比丘回到僧伽藍中，把這因緣全部告知比丘們。

其中有少欲知足、行頭陀、喜好學戒、知慚愧者，譏議嫌惡迦留陀夷說：「為何尊者在家姑面前，湊近她的媳婦耳邊，小聲說法呢？」

比丘們前往世尊之所，頭面禮足，坐在一旁，把這因緣全部稟告世尊。

2. 佛斥犯者

世尊隨即召集比丘僧眾，明知故問迦留陀夷：「你確實於家姑面前，湊近她的媳婦耳邊，小聲說法嗎？」

迦留陀夷答道：「確實這樣。」

這時，世尊用無數方法怒聲斥責迦留陀夷：「你做錯了！不合威儀、不合沙門法、不是清淨的行為、不是隨順佛法的行為，都不應做。你為何於家姑面前，湊近她的媳婦耳邊，小聲說法呢？」

（二）制戒內容

1. 佛制戒

世尊怒聲斥責迦留陀夷後，告訴比丘們：「這迦留陀夷，愚癡人啊！會引生多種有漏，最初犯本戒。從今以後，跟比丘們結戒，為了這十句義……乃至使正法得以久住。想說戒者，應這樣說：

若比丘，與女人說法，波逸提。」

〔註75〕迦留陀夷：《巴利律》作優陀夷。
〔註76〕大長者家：《巴利律》作 kula，家、良家。

這樣世尊跟比丘結戒。

2. 修訂前制

那時，有女人們請比丘們說：「唯願尊者們為我們說法。」

這時，比丘們各有畏懼謹慎之心，因為世尊制戒：「比丘不得與女人說法」。

比丘們把這因緣全部稟告世尊。

世尊告知：「從今以後，聽許比丘們跟女人用五句話、六句話說法。從今以後，應這樣說戒：

若比丘，為女人說法，過五、六語〔註77〕，波逸提。」

這樣世尊跟比丘結戒。

3. 再修訂前制

比丘們仍有畏懼謹慎之心，因為無有知男子在旁〔註78〕，便停止，不跟女人說法。

佛告訴比丘們：「從今以後，有有知男子在旁，聽許用超過五句話、六句話，跟女人說法。從今以後，應這樣說戒：

若比丘，與女人說法，過五、六語，除有知〔註79〕男子，波逸提。」

4. 授五戒

那時，有女人們請比丘們說：「大德！願授我們五戒。」

這時，比丘們有畏懼謹慎之心，因為無有知男子在旁，便不與授戒。

佛說：「從今以後，聽許無有知男子，為女人授五戒。」

5. 說五戒法

那時，有女人請比丘們說：「大德！為我說五戒法。」

這時，無有知男子在旁，比丘有畏懼謹慎之心，不為說五戒法。

佛告訴比丘們：「從今以後，聽許比丘們，無有知男子，為女人說五戒法。」

6. 授八關齋法

那時，有女人們欲受八關齋法〔註80〕，比丘們有畏懼謹慎之心，因為無有

〔註77〕語：《巴利律》作 vācā，言語。

〔註78〕有知男子：有知識的男子。如有這樣的男子在旁，可辨別比丘的話有否越軌，遇爭拗時也可作證。

〔註79〕有知：《巴利律》作 viññū，有知的、有智的、明智的。

〔註80〕八關齋法：又稱八關齋戒，乃欲培養出世善根的在家眾所守的八戒，即不殺生、不偷盜、不邪婬、不妄語、不飲酒、不以華鬘裝飾自身，不歌舞觀聽、不坐臥高廣華麗床座、不非時食。

知男子在旁，不授與受齋法。

佛告訴比丘們：「從今以後，聽許比丘們，無有知男子，為女人授八關齋法。」

7. 說八關齋法

那時，女人們請比丘們：「大德！為我說八關齋法。」

這時，無有知男子在旁，比丘有畏懼謹慎之心，不為說八關齋法。

佛告訴比丘們：「從今以後，聽許比丘們，無有知男子，為女人說八關齋法。」

8. 說八道法

那時，女人們稟告比丘們：「大德！我們想聽聞八賢聖道法〔註81〕。」

這時，無有知男子在旁，比丘有畏懼謹慎之心，不為說八聖道法。

佛告訴比丘們：「從今以後，聽許比丘們，無有知男子，為女人說八聖道法。」

9. 說十不善法

那時，有女人們稟告比丘說：「大德！為我說十不善法〔註82〕。」

這時，無有知男子在旁，比丘有畏懼謹慎之心，不為說十不善法。

佛告訴比丘們：「從今以後，聽許比丘們，無有知男子，為女人說十不善法。」

10. 說十善法

那時，有女人們稟告比丘們：「大德！為我們說十善法〔註83〕。」

比丘們有畏懼謹慎之心，無有知男子在旁，不為說十善法。

佛告訴比丘們：「從今以後，聽許比丘們，無有知男子，為女人說十善法。」

11. 再修訂前制

那時，有女人們來問比丘佛義，比丘有畏懼謹慎之心，因為無有知男子在旁，不答女人們所問的佛義。

佛告訴比丘：「從今以後，聽許無有知男子，答女人們所問的佛義；如不明解，當詳細說明。從今以後，想說戒者，應這樣說：

〔註81〕八賢聖道法：又名八正道，乃趨向解脫的八個正確途徑，即正見、正思維、正語、正業、正命、正精進、正念、正定。

〔註82〕十不善法：又名十不善業、十惡，乃十種不良善的行為，即殺生、偷盜、邪淫、妄語、惡口、兩舌、貪欲、瞋恚、愚痴。

〔註83〕十善法：又名十善業、十善，十不善法的相反。

若比丘，與女人說法，過五、六語，除有知男子，波逸提。」

12. 釋義

（1）比丘：意義如上文所說。

（2）女人：亦如上文所說。

（3）五語：色無我，受、想、行、識亦無我。

（4）六語：眼無常，耳、鼻、舌、身、意亦無常。

（5）有知男子：明解麤惡、不麤惡之事。

13. 違犯輕重

如比丘，為女人說法，超過五句話、六句話，除有有知男子外，說得清楚，波逸提；不清楚，突吉羅。

跟天女、阿修羅女、龍女、夜叉女、乾闥婆女、餓鬼女、能變化的畜生女，為之說超過五句話、六句話，清楚或不清楚，突吉羅。

不能變化的畜生女，為之說超過五句話、六句話，全突吉羅。

（三）兼制

比丘尼，波逸提；式叉摩那、沙彌、沙彌尼，突吉羅。這叫做犯。

（四）開緣

不犯：或有有知男子在旁，說超過五句話、六句話；或無有知男子在旁，授與優婆夷五戒、說五戒法、授與八關齋法、說八齋法、說八聖道法、說十不善法及十善法；女人問佛義，如無有知男子在旁，應回答，如不明解，可詳細為她們說明；或戲笑說、急速地說、獨自語、夢中說、想說這樣卻錯說那樣，無犯。

十、掘地戒

提要：六群比丘掘地修建講堂，傷害生命。

（一）制戒因緣

1. 掘地害生

那時，佛在曠野城。

這時，六群比丘為佛修築講堂〔註84〕，繞堂四周，自行掘地。

〔註84〕修築講堂：〔大〕原作「修治講堂」。《巴利律》作 navakamma，修繕整治、新建工作。

這時，長者們見到，譏議嫌惡說：「沙門釋子，不知慚愧，斷除他人的命根〔註85〕，對外自稱說：『我知道正法』，現今看來有何正法呢？竟自行掘地，斷除他人的命根呢！」

比丘們聽聞，其中少欲知足、行頭陀、喜好學戒、知慚愧者，譏議嫌惡六群比丘說：「為何為佛修築講堂，自行掘地，讓長者們譏議嫌惡呢？」

比丘們即往世尊之所，頭面禮足，坐在一旁，把這因緣全部稟告世尊。

2. 佛斥犯者

那時，世尊用無數方法怒聲斥責六群比丘：「你們做錯了！不合威儀、不合沙門法、不是清淨的行為、不是隨順佛法的行為，都不應做。為何自行掘地，讓長者們譏議嫌惡呢？」

（二）制戒內容

1. 佛制戒

世尊用無數方法怒聲斥責六群比丘後，告訴比丘們：「這些愚癡人啊！會引生多種有漏，最初犯本戒。從今以後，跟比丘們結戒，為了這十句義……乃至使正法得以久住。想說戒者應這樣說：

> 若比丘，自手掘地，波逸提。」

這樣世尊跟比丘結戒。

2. 教人掘地

那時，六群比丘修築講堂，教人掘地說：「掘這裏、置放這裏。」〔註86〕

這時，長者們看見後，譏議嫌惡道：「為何沙門釋子，不知慚愧，教人掘地，斷除他人的性命，毫無慈心，自稱：『我知道正法』，現今看來有何正法呢？」

這時，比丘們聽聞後，其中少欲知足、行頭陀、喜好學戒、知慚愧者，譏議嫌惡六群比丘說：「為何修築佛講堂，教人掘地說：『掘這裏、置放這裏』，讓長者們譏議嫌惡呢？」怒聲斥責後，前往世尊的處所，頭面禮足，坐在一旁，把這段因緣全部稟告世尊。

3. 佛斥六群

世尊即召集比丘僧眾，怒聲斥責六群比丘：「你們做錯了！不合威儀、不

〔註85〕他人的命根：〔大〕原作「他命根」。《巴利律》作 ekindriyaṃ jivaṃ，一根的生命；指植物而言。

〔註86〕這裏意謂教唆其他僧尼掘地。

合沙門法、不是清淨的行為、不是隨順佛法的行為，都不應做。為何修築講堂，教人掘地說：『掘這裏、置放這裏』，讓長者們譏議嫌惡呢？」

4. 修訂前制

世尊用無數方法怒聲斥責後，告訴比丘們：「從今以後，跟比丘結戒：

若比丘，自手掘地、若教人掘者，波逸提。」

5. 釋義

（1）比丘：意義如上文所說。

（2）地：已掘地、未掘地〔註87〕。

6. 違犯輕重

如已掘地，經過四個月，為雨水浸潤，回復原貌，再用鋤或钁〔註88〕砍削，或用木椎捶打，或用鎌刀〔註89〕刺擊……乃至用指爪按掐〔註90〕，損傷地面，全波逸提。

打橛木入地，波逸提；於地上燃火，波逸提；地，有地的想法，波逸提。

如不教說：「看到這裏、知道這裏」，突吉羅。〔註91〕

（三）兼制

比丘尼，波逸提；式叉摩那、沙彌、沙彌尼，突吉羅。這叫做犯。

（四）開緣

不犯：或說道：「知道這裏、看到這裏」；或拉木材、拉竹，或扶正倒地的籬笆，或翻轉塼石、取牛屎、取崩岸的泥土，或取鼠壤土〔註92〕，或掃除經行處的泥土，或掃除屋內的泥土，或來往經行，或掃地，或用杖撐著地面，或非故意掘，全不犯。

十一、壞生種戒

提要：比丘修建屋舍，斫樹害生。

〔註87〕已掘地、未掘地：《巴利律》作 jātā pathavī（生地）、ajātā pathavī（不生地），前者適合植物生長，後者則否。

〔註88〕钁：大鋤。

〔註89〕鎌刀：收割工具。

〔註90〕按掐：〔大〕作「掐」。

〔註91〕按僧眾如真的要掘地，須請在家人幫手，便要對他們說「看到這裏、知道這裏」一類的話作暗示。

〔註92〕鼠壤土：柔軟無石塊的土壤。「壤」，〔大〕作「壞」，今依〔麗〕〔金〕。

（一）制戒因緣

1. 斬樹害生

那時，佛在曠野城。……〔註93〕

2. 佛斥犯者

世尊藉這因緣召集比丘僧眾，告說：「有一曠野比丘，修築屋舍而自行斫樹嗎？」

比丘答道：「確實斫樹。」

這時，世尊用無數方法怒聲斥責道：「你做錯了！不合威儀、不合沙門法、不是清淨的行為、不是隨順佛法的行為，都不應做。為何修築屋舍而自行斫樹呢？」

（二）制戒內容

1. 佛制戒

世尊用無數方法怒聲斥責後，告訴比丘們：「這愚癡人啊！會引生多種有漏，最初犯本戒。從今以後，跟比丘們結戒，為了這十句義……乃至使正法得以久住。想說戒者，應這樣說：

若比丘，壞鬼神村〔註94〕，波逸提。」

2. 釋義

（1）比丘：意義如上文所說。

（2）鬼：非人便是。

（3）壞：如斫削、截斷、墮毀。〔註95〕

（4）村：一切草木皆是。「村」有五種：〔註96〕

1）根種：呵梨陀薑〔註97〕、憂尸羅〔註98〕、貿他致吒〔註99〕、盧揵〔註100〕、陀樓〔註101〕，以及其餘根所生種者皆是。

〔註93〕內容同上一戒。

〔註94〕鬼神村：鬼神的住處。《巴利律》作 bhūtagāma，樹木、草木。

〔註95〕在原律文，「壞」的釋義插入「村」的釋義中，今分列。

〔註96〕《巴利律》也列種子（bīja）有五：mūl（根）、khandha（幹）、phaḷu（節）、agga（枝）、bīja（種子）。

〔註97〕呵梨陀薑：音譯詞。《巴利律》作 haliddī，黃薑。

〔註98〕憂尸羅：音譯詞。《巴利律》作 usīra，須芒草、香草。

〔註99〕貿他致吒：音譯詞。《巴利律》作 bhadda，香附子，香料一種。

〔註100〕盧揵：音譯詞，原語不明。黃蓮。

〔註101〕陀樓：音譯詞，原語不明。外國草名。

2）枝種：柳、舍摩羅〔註102〕、婆羅醢他〔註103〕，以及其餘枝種等皆是。

3）節生種：蘇蔓那〔註104〕華、蘇羅婆〔註105〕、蒲醢那〔註106〕、羅勒〔註107〕、蓼〔註108〕，以及其餘節所生種者皆是。

4）覆羅〔註109〕種：甘蔗、竹、葦〔註110〕、藕根，以及其餘覆羅所生種者皆是。

5）子子種：種子還生出種子者便是。

3. 境想

如生草木〔註111〕，有生草木的想法，自行折斷，或教他人折斷，或自行煎炒、教他人煎炒，自行煮熟、教他人煮熟，波逸提。

如生草木，但起疑，如自行折斷、教他人折斷，自行煎炒、教他人煎炒，自行煮熟、教他人煮熟，突吉羅。

生草木，有非生草木的想法，如自行折斷、教他人折斷……乃至煮熟，突吉羅。

非生草木，有生草木的想法，如自行折斷、教他人折斷……乃至煮熟，亦突吉羅；非生草木，但起疑，如自行折斷、教他人折斷……乃至煮熟，亦突吉羅。

草木有七種色——青、黃、赤、白、黑、縹〔註112〕、紫色。生草木，有生草木的想法，如自行折斷、教他人折斷……乃至煮熟，波逸提；生草木，但起疑，如自行折斷、教他人折斷……乃至煮熟，突吉羅。

生草木，有非生草木的想法，如自行折斷、教他人折斷……乃至煮熟，突吉羅；非生草木，有生草木的想法，如自行折斷、教他斷……乃至煮熟，突吉羅；非生草木，但起疑，如自行折斷、教他人折斷……乃至煮熟，突吉羅。

〔註102〕舍摩羅：音譯詞。《巴利律》作 assattha，無花果樹一種。
〔註103〕婆羅醢他：音譯詞。巴利語 tāla，多羅樹、棕櫚樹。
〔註104〕蘇蔓那：音譯詞。巴利語 sumana，色黃白而極香之花。
〔註105〕蘇羅婆：音譯詞。巴利語或 sūrasena，外國草名。
〔註106〕蒲醢那：音譯詞，原語不明。外國草名。
〔註107〕羅勒：音譯詞，原語不明。俗稱西王母菜，香菜一種。
〔註108〕蓼：辛草。
〔註109〕覆羅：音譯詞，原語不明。意為雜種，嫁接在另一植物而生長、自身無生長能力者，又叫「虛中種」。
〔註110〕葦：蘆葦。
〔註111〕生草木：有生命力的草木。
〔註112〕縹：淡青。

4. 違犯輕重

如打橛木入生樹上，波逸提；或在生草木上燃火，波逸提；或折斷仍頗有生命力的草木〔註113〕，波逸提；折斷半乾半生的草木，突吉羅。

如不說：「看到這個、知道這個」，突吉羅。〔註114〕

（三）兼制

比丘尼，波逸提；式叉摩那、沙彌、沙彌尼，突吉羅。這叫做犯。

（四）開緣

不犯：說：「看到這個、知道這個」；或折斷乾枯草木；或於生草木上拖拉材木、拖拉竹，扶正籬笆障屏，或撥開土塊石頭，或取牛屎，或有生草覆蓋道路，用杖翻開，或用瓦石撐開，而折斷傷害草木；或除去經行地的泥土，或打掃經行來往處地時，誤撥折斷生草木；或用杖撐著地面，撥開生草木，令它們折斷，無犯。

十二、身口綺戒

提要：比丘檢舉闡陀，闡陀顧左右而言他，惹惱眾人。

（一）制戒因緣

1. 答非所問

那時，世尊在拘睒毘瞿師羅園中。

這時，尊者闡陀比丘犯罪〔註115〕，比丘們問道：「你是否自知犯罪呢？」

闡陀即用其他事情回報比丘們：「你向誰說話呢？說什麼事呢？論述什麼道理呢？為我說或為誰人說呢？是誰犯罪呢？罪由那處生起呢？我不見到有罪啊！為何說我有罪呢？」

這時，比丘們聽聞，其中有少欲知足、行頭陀、喜好學戒、知慚愧者，譏議嫌惡闡陀比丘說：「你為何自知犯罪，其他比丘發問，卻以其他事情回報比丘：『你向誰說話呢？說什麼事呢？論述什麼道理呢？為我說或為其他人說呢？誰犯罪呢？罪由那處生起呢？我不見到有罪啊！為何說我有罪呢？』」

比丘們前往到世尊之所，頭面禮足，坐在一旁，以這因緣全部稟告世尊。

〔註113〕頗有生命力的草木：〔大〕原作「多分生草木」。

〔註114〕僧眾如真的要斬樹，須請在家人代勞，便要對他們說「看到這裏、知道這裏」一類的話作暗示。

〔註115〕罪：《巴利律》作 āpatti，罪過、犯戒。

2. 佛斥犯者

世尊即召集比丘僧眾，怒聲斥責闡陀比丘：「你做錯了！不合威儀、不合沙門法、不是清淨的行為、不是隨順佛法的行為，都不應做。為何闡陀比丘，你犯罪，比丘們問道：『你自知犯罪嗎』，即用其他說話回答比丘們：『你向誰說話呢？說什麼事呢？論述什麼道理呢？為我說或為其他人說呢？誰人犯罪呢？罪由那處生起呢？我不見到有罪啊！為何說這樣的話呢？』」

（二）制戒內容

1. 作餘語

這時，世尊用無數方法怒聲斥責闡陀比丘後，告訴比丘們：「從今以後，聽聞告白後，叫做『作餘語』，應這樣告白：

大德僧聽，此闡陀比丘犯罪，諸比丘問言：『汝今自知犯罪不？』即以餘事報諸比丘言：『汝向誰語？為說何事？為論何理？為我說、為餘人說？誰犯罪？罪由何生？我不見罪！』若僧時到，僧忍聽當名闡陀比丘作餘語。白如是。」

「這樣告白後，稱『作餘語』。」〔註116〕

2. 佛制戒

「從今以後，跟比丘們結戒，為了這十句義……乃至使正法得以久住。想說戒者，應這樣說：

若比丘，餘語〔註117〕者，波逸提。」

這樣世尊跟比丘結戒。

3. 惹惱僧眾

那時，尊者闡陀比丘，僧眾為他制定「不得作餘語」後，便惹惱僧眾，召喚來時不來、不召喚來時便來，應起來時不起來、不應起來時便起來，應說話時不說話、不應說話時便說話。

這時，諸比丘聽聞，其中有少欲知足、行頭陀、喜好學戒、知慚愧者，譏議嫌惡闡陀比丘說：「為何僧眾稱他『作餘語』後，故意惹惱僧眾，召喚來時不來、不召喚來時便來，應起來時不起來、不應起來時便起來，應說話時不說話、不應說話時便說話呢？」

比丘們前往世尊之所，頭面禮足，坐在一旁，把這因緣全部稟告世尊。

〔註116〕經告白後，比丘「作餘語」得到確認，同時亦犯戒。
〔註117〕餘語：《巴利律》作 aññavāda，其他說話。

4. 佛斥犯者

世尊用這因緣召集比丘僧眾，怒聲斥責闡陀比丘：「你做錯了！不合威儀、不合沙門法、不是清淨的行為、不是隨順佛法的行為，都不應做。為何闡陀比丘，僧眾稱他『作餘語』後，故意惹惱僧眾，召喚來時不來、不召喚來時便來，應起來時不起來、不應起來時便起來，應說話時不說話、不應說話時便說話呢？」

5. 作觸惱

世尊用無數方法怒聲斥責闡陀比丘後，對比丘們說：「從今以後，告白稱闡陀比丘『作觸惱』，應這樣告白：

大德僧聽，闡陀比丘，僧名作餘語已，觸惱眾僧，喚來不來、不喚便來，應起不起、不應起便起，應語不語、不應語便語。若僧時到，僧忍聽制闡陀比丘名作觸惱。白如是。」

「告白了名『作觸惱』。」〔註118〕

6. 修訂前制

「從今以後，應這樣說戒：

若比丘，妄作異語惱〔註119〕他者，波逸提。」

7. 釋義

（1）比丘：意義如上文所說。

（2）餘語：僧眾未告白便說其他話：「你向誰說話呢？說什麼事呢？論述什麼道理呢？為我說或為誰人說呢？我不見到有罪。」這樣說，皆突吉羅；如告白後才這樣說，全皆波逸提。

（3）觸惱：如在未告白之前，召喚來時不來、不召喚來時便來，應起來時不起來、不應起來時便起來，應說話時不說話、不應說話時便說話，全皆突吉羅；如告白完這樣說，全皆波逸提；如上座召喚來時不來，突吉羅。

（三）兼制

比丘尼，波逸提；式叉摩那、沙彌、沙彌尼，突吉羅。這叫做犯。

（四）開緣

不犯：重複聽聞也不了解；當前的話有錯亂：「你向誰說……乃至我不見

〔註118〕經告白後，比丘「作觸惱」得到確認，同時亦犯戒。

〔註119〕惱：《巴利律》作 vihesaka，使困擾的、使苦惱的。

有這罪」；或想行非法羯磨、非毘尼羯磨；或僧，或塔寺，或和上、同和上，或阿闍梨、同阿闍梨，或親舊朋友，想對他們行無利益羯磨時，不參與和合，召喚來時不來，不犯。

或想行非法羯磨、非毘尼羯磨；或僧，或塔寺，或和上、同和上、阿闍梨、同阿闍梨，或親舊朋友，想對他們行無利益羯磨，如想知道，但教唆說：「不要來」，便來了，不犯。〔註120〕

或一坐食，或不作「餘食法」食；或患病，召喚起來時不起來，不犯。〔註121〕

或屋舍崩壞，或火燒，或毒蛇入屋舍，或遇賊，或有虎狼獅子，或被強而有力者帶走，或為他人所綑縛，或性命有危險，或梵行受威脅，教示不要起來時卻起來，不犯。

或心懷惡念發問，或問上人法：「你說這些」，不跟他說話，不犯。

如行非法羯磨、非毘尼羯磨；或僧，或塔寺，或和上、同和上，或阿闍梨、同阿闍梨，或親舊知識，如想對他們行無利益羯磨時，教示不要說話卻說話，不犯。

或小聲說〔註122〕，或急速地說，或夢中說，或獨自說，想說這樣卻錯說那樣，無犯。

十三、嫌罵僧知事戒

提要：慈地比丘非議和責罵沓婆摩羅子。

（一）制戒因緣

1. 非議他僧

那時，世尊在羅閱城耆闍崛山中。

這時，尊者沓婆摩羅子為僧眾所差遣，管理僧眾坐具〔註123〕及分配僧眾

〔註120〕這是說如有僧人想行無利益羯磨，並教人不要來，正直的比丘反而要來，表面上抬槓，查實不犯。

〔註121〕行一坐食，或不作「餘食法」而食時，如起來再坐下，即變兩坐食，反而違犯，故不起來也不犯。

〔註122〕小聲說：〔大〕原作「小語」。按全律僅本戒有這開許的因緣，其他戒條在這行文位置多作「戲笑語」。

〔註123〕管理僧眾坐具：〔大〕原作「知僧坐具」。《巴利律》作 senāsanapaññāpaka，床座設置者、分房舍的人、住所的管理者。

飲食〔註124〕。

這時，慈地比丘〔註125〕距離沓婆摩羅子，恰恰是眼看得見但耳聽不到之所，自行互相說：「這沓婆摩羅子，偏愛、怨憤、怖畏、愚癡。」

其他比丘說道：「這沓婆摩羅子為僧眾所差遣，管理僧眾坐具及分配僧眾飲食，你們不要說：『他偏愛、怨憤、怖畏、愚癡』。」

慈地比丘報說：「我們並非當面說，在屏蔽處譏議嫌惡而已。」

這時，比丘們聽聞，其中有少欲知足、行頭陀、喜好學戒、知慚愧者，嫌惡慈地比丘說：「這沓婆摩羅子，為僧眾所差遣，管理僧眾坐具及分配僧眾飲食。為何你們說：『他偏愛、怨憤、怖畏、愚癡』。」

當時，比丘們往至世尊之所，頭面禮足，坐在一旁，把這因緣全部稟告世尊。

2. 佛斥犯者

世尊即用這因緣召集比丘僧眾，怒聲斥責慈地比丘：「你做錯了！不合威儀、不合沙門法、不是清淨的行為、不是隨順佛法的行為，都不應做。為何慈地比丘，沓婆摩羅子為僧眾所差遣，管理僧眾坐具及分配僧眾飲食，你們為何嫌惡斥責他說：『偏愛、怨憤、怖畏、愚癡』。」

（二）制戒內容

1. 佛初制戒

世尊用無數方法怒聲斥責慈地比丘後，告訴比丘們：「慈地比丘，愚癡人啊！會引生多種有漏，最初犯本戒。從今以後，跟比丘們結戒，為了這十句義……乃至使正法得以久住。想說戒者，應這樣說：

若比丘，譏嫌〔註126〕，波逸提。」

這樣世尊跟比丘結戒。

2. 罵他僧

慈地比丘後再設法，恰恰在沓婆摩羅子聽聞而看不見之所，自行互相說：「這沓婆摩羅子，偏愛、怨憤、怖畏、愚癡。」

比丘們說：「佛不是制戒說：『譏嫌，波逸提』嗎？」

〔註124〕分配僧眾飲食：〔大〕原作「差僧食」。《巴利律》作 bhattuddesaka，配食者、監食者。

〔註125〕慈地比丘：《巴利律》作慈、地二比丘。

〔註126〕譏嫌：《巴利律》作 ujjhāyati，詆毀、嫌責。

慈地比丘報說：「我們並非譏議嫌惡，是責罵而已。」

這時，有比丘聽聞，其中有少欲知足、行頭陀、喜好學戒、知慚愧者，譏議嫌惡慈地比丘言：「這沓婆摩羅子為僧眾所差遣，管理僧眾坐具及分配僧眾飲食，你們為何責罵呢？」

比丘們怒聲斥責後，前往到世尊之所，頭面禮足，坐在一旁，把這因緣全部稟告世尊。

3. 修訂前制

世尊即用這因緣召集比丘僧眾，怒聲斥責慈地比丘：「你做錯了！不合威儀、不合沙門法、不是清淨的行為、不是隨順佛法的行為，都不應做。沓婆摩羅子為僧眾所差遣，管理僧眾坐具及分配僧眾飲食，你們為何責罵呢？」

世尊用無數方法怒聲斥責慈地比丘後，告訴比丘們：「從今以後，跟比丘們結戒：

若比丘，嫌、罵〔註127〕，波逸提。」

4. 釋義

（1）比丘：意義如上文所說。

（2）面見譏嫌：在眼看得見但聽不到之所說：「偏愛、怨憤、怖畏、愚癡」。

（3）背面罵：在耳聽聞但看不見之所說：「偏愛、怨憤、怖畏、愚癡」。

5. 違犯輕重

比丘嫌惡、責罵比丘，說得清楚，波逸提；不清楚，突吉羅。

如上座教你嫌惡、責罵，你接受教導，嫌惡、責罵，突吉羅。

（三）兼制

比丘尼，波逸提；式叉摩那、沙彌、沙彌尼，突吉羅。這叫做犯。

（四）開緣

不犯：那人確實有其事，而有偏愛、怨憤、怖畏、愚癡，恐怕之後他有悔恨，告知令他合規範地發露〔註128〕，便說：「偏愛、怨憤、怖畏、愚癡」，無犯。

或戲笑說、獨自說、夢中說、想說這樣卻錯說那樣，無犯。

〔註127〕罵：《巴利律》作 khīyana，責備。
〔註128〕發露：表白過失。

十四、露敷僧物戒

提要：十七群比丘在露天地方不收拾坐具便離去，弄污坐具。

（一）制戒因緣

1. 期望食時

那時，佛在舍衛國祇樹給孤獨園。

這時，舍衛城中有一長者，欲請僧眾飯食。

這時，有十七群比丘〔註129〕，拿來僧坐具〔註130〕，在露天地方敷設；而在經行時，期望進食時間的到來。

2. 坐具受污

時間到了，十七群比丘不收拾僧坐具，便前往那裏進食；僧坐具便為風揚起的塵土所積聚、為虫鳥所啄壞，污穢不淨。〔註131〕

比丘們食後，回到僧伽藍中，見到僧坐具為風揚起的塵土所積聚、為虫鳥所啄壞，污穢不淨，即問道：「誰人敷設僧坐具，不收拾而離去呢？乃令它們為風揚起的塵土所積聚、為虫鳥所啄壞，污穢不淨。」

比丘答道：「十七群比丘取來敷設。」

比丘們聽聞，其中有少欲知足、行頭陀、喜好學戒、知慚愧者，譏議嫌惡十七群比丘說：「你們為何敷設僧坐具而不收拾，令它們為風揚起的塵土所積聚、為虫鳥所啄壞呢？」

比丘們前往世尊之所，頭面禮足，坐在一旁，把這因緣全部稟告世尊。

3. 佛斥犯者

世尊即用這段因緣召集比丘僧眾，怒聲斥責十七群比丘說：「你們做錯了，不合威儀、不合沙門法、不是清淨的行為、不是隨順佛法的行為，都不應做。為何十七群比丘敷設僧坐具，不收拾而離去，令它們為風揚起的塵土所積聚、為虫鳥所啄壞，污穢不淨呢？」

（二）制戒內容

1. 佛初制戒

世尊用無數方法怒聲斥責十七群比丘了，告知比丘們：「這們愚癡人啊！

〔註129〕 十七群比丘：十七名少年比丘，心志未成熟，多嬉戲，少禪誦，屢令佛制戒。

〔註130〕 坐具：《巴利律》作 senāsana，臥坐具、床座。

〔註131〕 《巴利律》記臥具會為雨淋濕。

會引生多種有漏，最初犯本戒。從今以後，跟比丘們結戒，為了這十句義……乃至使正法得以久住。想說戒者，應這樣說：

若比丘，取僧繩床〔註132〕、木床〔註133〕，若臥具〔註134〕、坐褥〔註135〕，露地〔註136〕自敷、若教人敷，捨去，不自舉〔註137〕、不教人舉，波逸提。」

2. 釋義

（1）比丘：意義如上文。

（2）眾僧物：

1）僧物：已捨與僧眾者。

2）為僧：為僧眾而造，但未捨與僧眾者。

3）屬僧：已歸入僧眾、已捨與僧眾者。

（3）繩床：有五種：旋腳〔註138〕繩床、直腳〔註139〕繩床、曲腳〔註140〕繩床、入陛〔註141〕繩床、無腳〔註142〕繩床，木床也是這樣。

（4）臥具：用來坐，或用來臥〔註143〕。

（5）褥：用來坐〔註144〕。

3. 違犯輕重

如比丘，把僧眾的繩床、木床、臥具、坐褥，在露天地方敷設，或教人敷設，離去時如那裏有舊住比丘，或摩摩帝〔註145〕，或經營人〔註146〕，當說道：

〔註132〕繩床：《巴利律》作 mañca，臥床、寢台。

〔註133〕木床：《巴利律》作 pīṭha，椅子、小床。

〔註134〕臥具：《巴利律》作 bhisi，墊布、褥。

〔註135〕坐褥：《巴利律》作 koccha，草椅、草座。

〔註136〕露地：《巴利律》作 ajjhokāsa，露地、露天、戶外。

〔註137〕舉：舉起。《巴利律》作 uddhareyya，攪起、收拾。

〔註138〕旋腳：腳呈螺旋形者。

〔註139〕直腳：或即《巴利律》作 bundikābaddha，文蹄腳（楎與腳相連者）。

〔註140〕曲腳：腳彎曲者。《巴利律》作 kulīrapādaka，腳有如螃蟹者。

〔註141〕入陛：「陛」，台階；「入陛」，床腳插入床之台階，表示床腳可插可脫。《巴利律》作 āhaccapādaka，有可拆卸腳者。

〔註142〕無腳：或即《巴利律》作 masāraka，一種臥床、長椅子。

〔註143〕《巴利律》列五種：uṇṇa（羊毛）、coḷa（布）、vāka（樹皮）、tiṇa（草）、paṇṇa（樹葉）。

〔註144〕《巴利律》列四種：vāka（樹皮）、usīra（須芒草）、muñja（蘆草）、pabbaja（燈心草）。

〔註145〕摩摩帝：音譯詞，原語不明；意謂寺主，即寺院管理人。

〔註146〕經營人：或「摩摩帝」的意譯。

「我今付給你，請你守護看望」；如完全無人，應當收拾在屏蔽處而離去；如無屏蔽處，自己知道這裏必不會有毀壞，應當安全，把粗惡者覆蓋在美好者之上而離去。如即時得以返回，便應離去；如下急暴雨，但很快可返回，坐具不會毀壞，應前往；如下中雨，中速行走，能及時回來，應前往；如下微雨，緩慢地行走，亦能及時回來，應前往。那比丘應依次這樣安排而離去；如比丘沒有這樣安排而出行，一出門，波逸提。

如一足在門外、一足在門內，想離去卻沒有離去，返回懺悔，全突吉羅。

如二人，共坐一繩床、木床，下座應收拾而離去。下座有這樣想法，以為上座應當收拾，但上座最後沒有收拾，下座犯波逸提；又因為不合威儀的緣故，突吉羅。上座以為下座應當收拾，但下座不收拾，上座犯波逸提。

如二人的資歷不相上下，皆不收拾，二人皆波逸提。以至其他空置的繩床、木床、踞床〔註147〕，或机、浴床，或臥具表裏〔註148〕，或地敷，或取繩索、氍毛，放在露天地方，不收拾便離去，突吉羅。

如在露天地方敷設僧臥具不收拾，而入房坐下思惟，突吉羅。

（三）兼制

比丘尼，波逸提；式叉摩那、沙彌、沙彌尼，突吉羅。這叫做犯。

（四）開緣

不犯：或拿取僧繩床、木床、踞床，或机，或臥具、坐褥，在露天地方自行敷設，或教他人敷設，離去時告訴舊住人，或摩摩帝，或經營人說：「守護這些，交付你」。如無人，收拾在屏蔽處而離去；如無屏蔽處可安放，自己知道這裏必不會遺失，也不怕會損壞，或用粗惡者覆蓋在美好者之上而離去；如即時去即時得以返回；如暴風疾雨，很快可返回；如下中雨，中速行走；如下微雨，緩慢地行走，亦得以返回；如依次第有這樣安排，無犯。

或被有勢力者綑縛，或性命有危險，或梵行受威脅，不依次第安排而離去，不犯。

或二人共坐一繩床，下座應收拾。其他空置的木床、繩床、踞床，或机、浴床，或臥具表裏，或地敷、繩索、氍袊〔註149〕，敷設在露天地方，或收拾而離去；如在露天地方敷設僧坐具，收拾後入房思惟，無犯。

〔註147〕踞床：「踞」，即蹲、坐，「踞床」應為坐具一種。
〔註148〕臥具表裏：或即覆蓋衣、被、氈、褥之衣。
〔註149〕氍袊：用鳥獸細毛織成的布。

十五、覆處敷僧物戒

提要：客比丘暫住後不辭而別，無收拾臥具，蟲咬爛壞。

（一）制戒因緣〔註150〕

1. 不辭而別

那時，佛在舍衛國祇樹給孤獨園。

這時，有客比丘對舊住比丘說：「我在邊緣僧房〔註151〕中，敷設臥具〔註152〕住宿。」

其後在另一時間，客比丘不告訴舊住比丘便離去，僧臥具爛壞，虫〔註153〕咬色變。

這時，舊住比丘於小食和大食時、夜說法時、說戒時，不見客比丘。

舊住比丘這樣想念：「為何不見客比丘呢？豈不是命終，或遠行離去，或違反戒條做回白衣，或被賊所害，或為惡獸所食，或為大水所漂走呢？」

2. 臥具爛壞

他即前往到僧房，見僧眾坐具〔註154〕爛壞，虫咬色變，見到後，嫌惡那客比丘的所為，說：「為何客比丘，告訴我在邊緣僧房敷設僧眾的臥具住宿，不告訴我而離去，令僧眾的坐具爛壞、虫咬色變呢？」

這時，比丘們聽聞，其中有少欲知足、行頭陀、喜好學戒、知慚愧者，譏議嫌惡客比丘：「為何客比丘，告訴舊比丘在邊緣僧房敷設僧眾的臥具住宿，不告訴而離去，令僧眾的臥具爛壞、虫咬色變呢？」

比丘們前往世尊之所，頭面禮足，坐在一旁，把這因緣全部稟告世尊。

3. 佛斥犯者

那時，世尊召集比丘僧眾，怒聲斥責客比丘：「你做錯了！不合威儀、不合沙門法、不是清淨的行為、不是隨順佛法的行為，都不應做。為何在邊緣僧房敷設僧眾的臥具住宿，離去而不告訴舊住比丘，令僧眾的敷具爛壞色變呢？」

〔註150〕《巴利律》如前戒一樣，仍以十七群比丘的惡行為制戒因緣，跟本律不同。
〔註151〕邊緣僧房：〔大〕原作「邊僧房」，位處寺院邊緣，條件較差。《巴利律》作 vihāra，住處、僧房。
〔註152〕臥具：《巴利律》作 seyyā，臥床、寢床。
〔註153〕虫：《巴利律》作 upacikā，螞蟻、白蟻。
〔註154〕坐具：《巴利律》作 senāsana，坐臥具。

（二）制戒內容

1. 佛初制戒

世尊用無數方法怒聲斥責客比丘後，告訴比丘們：「這愚癡人啊！會引生多種有漏，最初犯本戒。從今以後，跟比丘們結戒，為了這十句義……乃至使正法得以久住。想說戒者，應這樣說：

若比丘，於僧房中敷僧臥具，若自敷、若教人敷，若坐、若臥，去時不自舉〔註155〕、不教人舉，波逸提。」

2. 釋義

（1）比丘：意義如上文所說。

（2）眾僧物：如上文所說。

（3）臥具：繩床、木床、臥褥、坐具、枕、地敷……下至臥氈。〔註156〕

3. 違犯輕重

那比丘，在僧房中，如敷設僧眾臥具，或自行敷設，或教他人敷設，或坐，或臥，離去時不自行收拾、不教他人收拾，當中如有舊住比丘、經營人，或摩摩帝，應告說：「為我掌管看護，穩妥地收藏」。當中如無人付托、不怕遺失，應移床離開牆壁，撐高床腳，把枕、褥、臥具放置入內，用其他臥具〔註157〕覆蓋在上而離去。如怕它們壞敗，應擡起臥具、氈、褥、枕，置衣架上，豎起床而離去。那比丘應這樣做才離去，如比丘不這樣做而離去，出了界外，波逸提。

一腳在界外、一腳在界內，後悔而不離去，全突吉羅。

如預期離去而沒有離去，突吉羅。

如不久便返回，在界外度宿兩夜，至第三夜度宿，曙光未出，如自行前往到房中，或派使者去告訴或摩摩帝，或知事人說：「你掌管看護這些物品」。但如比丘，出界外度宿兩夜，至第三夜度宿，曙光未出，不自行前往至房中，不派使者說道：「你掌管看護這物品」，波逸提。

〔註155〕舉：《巴利律》作 uddhareyya，抬起、搬上去。

〔註156〕《巴利律》列出十種：bhisi（褥）、cimilikā（套）、uttarattharaṇa（外套）、bhūmattharaṇa（地敷）、taṭṭikā（涼蓆）、cammakhaṇḍa（皮革布）、nisīdana（坐具）、paccattharaṇa（覆布）、tiṇasanthāra（草敷）、paṇṇasanthāra（葉敷）。

〔註157〕其他臥具：〔大〕原作「餘臥具」，《事鈔》作「餘麤者」，可推知「餘臥具」即指剩下的粗糙低劣臥具。

（三）兼制

比丘尼，波逸提；式叉摩那、沙彌、沙彌尼，突吉羅。這叫做犯。

（四）開緣

不犯：或敷設僧眾的臥具，或自己敷設，或教他人敷設，或坐，或臥。如他離去時，僧眾中有舊住人，或摩摩帝，或知事人，告訴他說：「你守護這物品，在僧眾中做摩摩帝」。如無人付授，應衡量不會壞敗，應搬床離開牆壁，把臥具、褥，擡起置放著床上，再加覆蓋而離去；如害怕壞敗，當擡起臥具置衣架上，豎起床而離去；這樣做而離去，無犯。

或房舍壞敗、崩落、火燒；或有毒蛇在內；為盜賊、虎、狼、獅子、強而有力者捉住；或被繫縛，或性命有危險，或梵行受威脅；或不久便返回，在界外度宿兩夜，至第三夜度宿，曙光未出，應自行離去，或派使者告訴那舊住比丘：「你掌管看護這些物品，做摩摩帝」。或水道阻礙；或道路有賊、虎、狼、獅子；或河水暴漲；為有勢力者捉住；或被繫縛，或性命有危險，或梵行受威脅；或在界外度宿兩夜，至第三夜度宿，曙光一出，自己不能前往，也不能派使者告訴人：「掌管看護這些物品，為我做摩摩帝」，無犯。

十六、強敷戒

提要：六群比丘強行在十七群比丘的座席間敷設臥具。

（一）制戒因緣

1. 不求住處

那時，佛在舍衛國祇樹給孤獨園。

這時，六群比丘及十七群比丘，在拘薩羅國道路走向其他聚落，到了一無比丘住處的地方。

這時，十七群比丘對六群比丘說：「你們先去尋找停留之處。」

六群比丘對說：「你們自己去，我為何要參與你們的事呢？」

六群比丘是十七群比丘的上座，十七群比丘對六群比丘說：「你們是我們的上座，上座應先尋求住處，我們之後才尋求。」

六群比丘報說：「你們去吧，我們不尋求住處。」

2. 強行留宿

那時，十七群比丘即前往尋求住處，自行敷設臥具留宿。

這時，六群比丘知道十七群比丘求得留宿之處，敷設臥具後，前往說道：「你們起來，應當依大小次第止住。」

他們說：「我們不會為你們起來。」

六群比丘問道：「你們今日幾歲〔註158〕呢？」

十七群比丘報說：「長老們實在是我們的上座，我們先前已對長老說：『可先尋找住處，然後我們將尋求住處』；而現今我們已住下，終不能再遷移了。」

這時，六群比丘強行在坐處之間，敷設臥具留宿；十七群比丘高聲稱道：「尊者們不要這樣吧！尊者們不要這樣吧！」〔註159〕

這時，比丘們聽聞，其中有少欲知足、行頭陀、喜好學戒、知慚愧者，譏議嫌惡六群比丘說：「六群比丘，十七群比丘先尋得住處，後來為何強行於中間敷設臥具而留宿呢？」

比丘們前往世尊之所，頭面禮足，坐在一旁，把這因緣全部稟告世尊。

3. 佛斥犯者

那時，世尊召集比丘僧眾，怒聲斥責六群比丘：「你們做錯了！不合威儀、不合沙門法、不是清淨的行為、不是隨順佛法的行為，都不應做。六群比丘，十七群比丘先尋得住處，後來為何強行於中間敷設臥具而留宿呢？」

（二）制戒內容

1. 佛初制戒

這時，世尊用無數方法怒聲斥責六群比丘後，告訴比丘們：「這六群比丘啊！會引生多種有漏，最初犯本戒。從今以後，跟比丘們結戒，為了這十句義……乃至使正法得以久住。想說戒者，應這樣說：

若比丘，先比丘得住處，後來強於中間敷臥具止宿，念言：『若彼人嫌窄〔註160〕者，自當去』；作如是因緣非餘〔註161〕，非威儀、波逸提。」

這樣世尊跟比丘結戒。

2. 修訂前制

那時，比丘們不知道是先來比丘的住處、非先來比丘的住處，後才知道是

〔註158〕這裏是指僧臘，即受具足戒的資歷而言，而非年歲。

〔註159〕《巴利律》記六群比丘於長老比丘間強敷臥具，而非欺負十七群比丘。

〔註160〕窄：《巴利律》作 sambādha，阻礙、壓迫。

〔註161〕非餘：這意謂不因為其他特殊原因。

先來比丘的住處，或有因此行波逸提懺，或有畏懼謹慎。

佛說：「不知道者，無犯。從今以後，應這樣結戒：

若比丘，知先比丘住處，後來強於中間敷臥具止宿，念言：『彼若嫌窄者，自當避我去』；作如是因緣非餘，非威儀、波逸提。」

3. 釋義

（1）比丘：意義如上文所說。

（2）中間：或在頭一邊，或在腳一邊，或在兩脅肋邊。

（3）臥具：草敷、葉敷……下至地敷、臥氈。

4. 違犯情況

如比丘，知道其他比丘先得到住處，後強行於中間敷設臥具留宿，隨著身體轉側、脅肋接觸床，波逸提。

（三）兼制

比丘尼，波逸提；式叉摩那、沙彌、沙彌尼，突吉羅。這叫做犯。

（四）開緣

不犯：先前不知道；或告知已有比丘住宿，而先已為他開闢空間；或空間寬廣，不相妨礙；或有親舊人，而親舊人教說：「儘管於中間敷設，我自然會告知其主人」；〔註162〕或倒地，或因病身體轉側墮落其上；或為有勢力者捉拿；或被人繫綁拘禁；或性命有危險，或梵行受威脅，無犯。

十七、牽他出僧房戒

提要：六群比丘強行驅逐十七群比丘出房。

（一）制戒因緣

1. 準備好住宿

那時，佛在舍衛國祇樹給孤獨園。

這時，六群比丘及十七群比丘，在拘薩羅曠野道中，行至小住處〔註163〕。

這時，十七群比丘對六群比丘說：「長老們，先去敷設臥具。」

六群比丘報說：「你們自己去，我們為何參與你們的事呢？」

〔註162〕這意謂同宿者是舊識，互相體諒。
〔註163〕小住處：《巴利律》記十七群比丘修建大住處（mahāvihāra）。

六群比丘是十七群比丘的上座，他們這樣說：「長老是我們的上座，長老先去敷設臥具，我們將依次第敷設臥具。」

六群比丘報說：「你們儘管去，我們不敷設。」

十七群比丘喜好潔淨，入寺裏掃灑房舍，令它們乾淨，敷設美好的臥具，於中留宿。

2. 入房強佔

那時，六群比丘知道十七群比丘入寺，掃灑房舍乾淨，敷設了美好的臥具，即前往入房說道：「長老起來，隨次第坐下。」

十七群比丘說道：「我們不起來。」

六群比丘即問道：「你們今日幾歲呢？」

十七群比丘報說：「長老實是我們的上座，我先前已告知上座先敷設，我們隨後依次第敷設，現今已坐下不能起來；現今已接近傍晚，儘管一起留宿吧。」

3. 驅逐後輩

那時，六群比丘強行牽拉，瞋怒、不歡喜，驅逐十七群比丘出房。

這時，十七群比丘高聲說：「賢者們不要這樣吧！賢者們不要這樣吧！」

這時，鄰房比丘聽聞，即問道：「你們為何高聲大叫呢？」

這時，十七群比丘把這事全部告知。

其中有少欲知足、行頭陀、喜好學戒、知慚愧者，嫌惡斥責六群比丘：「為何瞋怒、不喜，強行牽拉十七群比丘，驅逐出僧房呢？」

當時，比丘們前往世尊之所，頭面禮足，坐在一旁，把這因緣全部稟告世尊。

4. 佛斥犯者

那時，世尊藉這因緣召集比丘僧眾，怒聲斥責六群比丘：「你們做錯了！不合威儀、不合沙門法、不是清淨的行為、不是隨順佛法的行為，都不應做。為何六群比丘，瞋怒、不喜，強行牽拉十七群比丘，驅逐出僧房呢？」

（二）制戒內容

1. 佛初制戒

世尊用無數方法怒聲斥責六群比丘後，告訴比丘們：「這些愚癡人啊！會引生多種有漏，最初犯本戒。從今以後，跟比丘們結戒，為了這十句義……乃

至使正法得以久住。想說戒者，應這樣說：

若比丘，瞋他比丘，不喜僧房舍中住；若自牽出〔註164〕，教他牽出，波逸提。」

2. 釋義

（1）比丘：意義如上文所說。

（2）僧房：如上文〔註165〕。

3. 違犯輕重

如比丘，瞋怒其他比丘，不歡喜，在僧房舍中，或自行牽拉，或教人牽拉，隨著所牽拉多少人，隨著驅逐出房，波逸提。

或牽拉多人出多扇門戶，多波逸提；或牽拉多人出一扇門戶，多波逸提；或牽拉一人出多扇門戶，多波逸提；或牽拉一人出一扇門戶，一波逸提。

如拿其他比丘的物品出房，突吉羅；或拿其他比丘的物品，擲出戶外，突吉羅；或閉門拒其他比丘在戶外，突吉羅。〔註166〕

（三）兼制

比丘尼，波逸提；式叉摩那、沙彌、沙彌尼，突吉羅。這叫做犯。

（四）開緣

不犯：無恚恨心，依次第出房；〔註167〕或一起留宿兩夜至三夜，遣送未受戒人出房；或破戒者，或破壞正見者，或破違威儀者，或為他人所檢舉者，或為他人所驅擯出僧眾者，或應被驅擯出僧眾者，因為這些因緣而自身性命有危險、梵行受威脅，驅逐這些人，無犯。

十八、坐脫腳床戒

提要：比丘住在閣樓，坐在插腳床，床腳脫落弄傷下層比丘。

（一）制戒因緣

1. 床腳傷人

那時，佛在舍衛國祇樹給孤獨園。

〔註164〕牽出：《巴利律》作 nikkaḍḍheyya，逐出、丟出。
〔註165〕這裏是指本戒上文所述。
〔註166〕擲他人物品出戶外，即有意圖驅逐他人出房。
〔註167〕這意謂比丘自願出房，無犯。

比丘們住在重閣〔註168〕上，坐在脫腳床上，坐得不安詳〔註169〕；重閣下有比丘留宿，閣板單薄，床腳脫掉，墮落比丘身上，傷害身體出血。〔註170〕

這時，比丘向上怒罵：「為何比丘在重閣上住，坐在脫腳床上，坐得不安穩，使床腳向下脫落，打傷我身，致令出血呢？」

比丘們聽聞，其中有少欲知足、行頭陀、喜好學戒、知慚愧者，嫌惡斥責那比丘說：「為何比丘竟在重閣上，坐在脫腳床上，坐得不安詳，床腳向下脫落，打落那比丘身上，令他出血呢？」

比丘們前往世尊之所，頭面禮足，坐在一旁，把這段因緣全部稟告世尊。

2. 佛斥犯者

世尊即召集比丘僧眾，怒聲斥責那比丘說：「你做錯了！不合威儀、不合沙門法、不是清淨的行為、不是隨順佛法的行為。為何比丘在重閣上，坐在脫腳床上，坐得不安詳，令床腳向下脫落，打落那比丘身上，受傷出血呢？」

（二）制戒內容

1. 佛初制戒

世尊用無數方法怒聲斥責那比丘後，告訴比丘們：「這愚癡人啊！會引生多種有漏，最初犯本戒。從今以後，跟比丘們結戒，為了這十句義……乃至使正法得以久住。想說戒者，應這樣說：

若比丘，若房、若重閣上，脫腳繩床〔註171〕、若木床〔註172〕，若坐、若臥，波逸提。」

2. 釋義

（1）比丘：意義如上文所說。

（2）舍：僧房或私房。

（3）重閣：站立時頭不至頂者。〔註173〕

〔註168〕重閣：《巴利律》作 uparivehāsakuṭi。此字由 upari（在上方）和 vehāsakuṭī（頭不會頂到天花板的通風小屋）兩部份合成，意指閣樓一類的建築。
〔註169〕安詳：〔大〕原作「安庠」。
〔註170〕《巴利律》記比丘只傷及頭，沒有出血。
〔註171〕脫腳床：床腳可隨時拔出、方便收藏之床。《巴利律》作 āhaccapādaka mañca，有可拆卸腳的椅。
〔註172〕木床：《巴利律》作 āhaccapādaka pīṭha，有可拆卸腳的床。
〔註173〕這意謂重閣在上面，比人高。

（4）脫腳床：床腳可插入陛〔註174〕者。〔註175〕

3. 違犯輕重

比丘在重閣上，坐在脫腳床上，或坐，或臥，隨著脅肋接觸床、隨著身體轉側，波逸提；除脫腳床外，或坐在獨坐床，或一板床，或浴床，全突吉羅。

（三）兼制

比丘尼，波逸提；式叉摩那、沙彌、沙彌尼，突吉羅。這叫做犯。

（四）開緣

不犯：或坐旋腳繩床、直腳繩床、曲腳床、無腳床，或床的支柱〔註176〕大，〔註177〕或脫腳床安裝扣、鎖〔註178〕，或那重閣上有板覆蓋，或刻木作華用來覆蓋，或重厚地覆蓋，或翻轉床坐，或脫去床腳坐，無犯。

十九、用蟲水戒〔註179〕

提要：闡陀自行或囑咐人用有虫水混和泥土起大屋。

（一）制戒因緣

1. 害眾生命

那時，世尊在拘睒彌國。

這時，尊者闡陀比丘起大屋，用有虫水混和泥土，又教人這樣混和泥土。

長者們見到，嫌惡斥責道：「沙門釋子，不知慚愧、沒有慈心，傷害眾生的性命，對外卻自稱說：『我修習正法』，現今看來有何正法呢？用有虫水混和泥土，又教人這樣混和泥土，傷害眾生的性命。」

這時，比丘們聽聞，其中有少欲知足、行頭陀、喜好學戒、知慚愧者，嫌惡斥責闡陀說：「為何起房屋，用有虫水混和泥土，又教人這樣混和泥土，傷害眾生的性命呢？」

比丘們前往世尊之所，頭面禮足，坐在一旁，把這段因緣全部稟告世尊。

〔註174〕陛：〔麗〕〔金〕作「椻」，今依〔大〕〔磧〕。
〔註175〕另參看「單墮‧露敷僧物戒第14」。
〔註176〕支柱：〔大〕原作「楮」。
〔註177〕這意謂支柱不易脫落。
〔註178〕扣、鎖：〔大〕原作「細腰」。
〔註179〕《巴利律》作第20戒。

2. 佛斥犯者

那時，世尊即召集比丘僧眾，怒聲斥責闡陀說：「你做錯了！不合威儀、不合沙門法、不是清淨的行為、不是隨順佛法的行為，都不應做。為何闡陀起屋，用有虫水混和泥土，又教人這樣混和泥土呢？」

（二）制戒內容

1. 佛初制戒

世尊用無數方法怒聲斥責闡陀了，告訴比丘們：「這愚癡人啊！會引生多種有漏，最初犯本戒。從今以後，跟比丘們結戒，為了這十句義……乃至使正法得以久住。想說戒者，應這樣說：

若比丘，以虫〔註180〕水和泥、若教人和，波逸提。」

這樣世尊跟比丘結戒。

2. 修訂前制

那時，比丘們未知是有虫水、無虫水，之後才知道有虫，或有行波逸提懺悔，或有畏懼謹慎。

佛說：「不知道，無犯。從今以後，應這樣說戒：

若比丘，知水有虫，若自澆〔註181〕泥、若草，若教人澆者，波逸提。」

3. 釋義

（1）比丘：意義如上文所說。

4. 違犯輕重

如知道水有虫，用草或土，投擲其中，波逸提。

除水外，或有虫的酪漿、清酪漿，或酢〔註182〕，或漬麥漿〔註183〕，用來澆淋泥或草，或教人這樣做，波逸提。

或用土或草放在有虫的清酪漿中、酢中、水中、漬麥漿中，或教人這樣做，波逸提。

5. 境想

如有虫水，有有虫水的想法，波逸提；有有虫水的懷疑，突吉羅。

無虫水，有有虫水的想法，突吉羅；有無虫水的懷疑，突吉羅。

〔註180〕虫：《巴利律》作 pāṇa，生命。
〔註181〕澆：《巴利律》作 siñceyya，灌注、倒。
〔註182〕酢：同醋。
〔註183〕漬麥漿：浸泡麥成漿。

（三）兼制

比丘尼，波逸提；式叉摩那、沙彌、沙彌尼，突吉羅。這叫做犯。

（四）開緣

不犯：不知道有虫，作出無虫的想法；或虫大，伸手入水撥走虫；或過濾水後灑地，或教人過濾水後灑地，全無犯。

二十、覆屋過三節戒〔註184〕

提要：闡陀起大屋，索求太多草，重覆鋪蓋，令屋崩塌。

（一）制戒因緣

1. 令屋摧破

那時，世尊在拘睒彌國瞿師羅園中。

這時，尊者闡陀比丘建大房〔註185〕，覆蓋後還有草剩下；又再覆蓋，仍有草剩下；第三次覆蓋後，還有草剩下。

這時，他這樣想念：「我不能經常從檀越索求草，再三覆蓋不止，屋便摧破了。」

居士們見到，嫌惡他的作為：「沙門釋子，不知慚愧、乞求無厭。向外自稱說：『我知道正法』，現今看來那有正法呢？建這大舍，重複覆蓋不止，致使摧折崩破吧！檀越雖給與，受者應知足。」

這時，比丘們聽聞，其中有少欲知足、行頭陀、喜好學戒、知慚愧者，嫌惡斥責闡陀比丘：「為何起大房，重複覆蓋不止，而令摧折崩破呢？」

比丘們前往世尊之所，頭面禮足，坐在一旁，把這因緣全部稟告世尊。

2. 佛斥犯者

那時，世尊召集比丘僧眾，怒聲斥責闡陀比丘說：「你做錯了！不合威儀、不合沙門法、不是清淨的行為、不是隨順佛法的行為，都不應做。為何闡陀起大房，重複覆蓋不止，令致摧折崩破呢？」

（二）制戒內容

1. 佛初制戒

世尊用無數方法怒聲斥責闡陀比丘後，告訴比丘們：「闡陀比丘，愚癡人

〔註184〕《巴利律》作第 19 戒。
〔註185〕大房：《巴利律》作 mahallaka vihāra，古舊住處。

啊！會引生多種有漏，最初犯本戒。從今以後，跟比丘們結戒，為了這十句義……乃至使正法得以久住。想說戒者，應這樣說：

> 若比丘，作大房舍，戶扇〔註186〕窗牖〔註187〕及餘莊飾具，指授〔註188〕覆苫〔註189〕，齊二、三節〔註190〕；若過，波逸提。」

2. 釋義

（1）比丘：意義如上文所說。

（2）大舍：多用物品及其他裝飾物，刻鏤〔註191〕彩畫。

（3）覆：有兩種：打直覆蓋、打橫覆蓋。

3. 違犯輕重

那比丘，指示覆蓋兩次後，第三次覆蓋未完成，應去看不見、聽不到之處。

如比丘，覆蓋兩次後，第三次未完成，不去看不見、聽不到之處，如第三次覆蓋完成，波逸提。

如捨棄聽不到之處，去到看得見之處；捨棄看得見之處，去到聽得到之處，全突吉羅。

（三）兼制

比丘尼，波逸提；式叉摩那、沙彌、沙彌尼，突吉羅。這叫做犯。

（四）開緣

不犯：指示用茅草覆蓋兩次了，第三次覆蓋未完成，走到看不見、聽不到之處；水陸道路中斷，有盜賊、各種惡獸，河水暴漲，或為有勢力者捉住，或被繫縛，或性命有危險，或梵行受威脅，指示覆蓋兩次後，第三次覆蓋未完成，不去看不見、聽不到之處，無犯。

二十一、輒教尼戒

提要：六群比丘不經羯磨，自行前往教誡六群比丘尼，但只說俗事等。

〔註186〕戶扇：單門扇。《巴利律》作 dvārakosa，門屋。
〔註187〕窗牖：《巴利律》作 ālokana，窗戶。
〔註188〕指授：《巴利律》作 adhiṭṭhātabba，確立、決意。
〔註189〕苫：用茅草編成的覆蓋物。
〔註190〕節：段落、單位。
〔註191〕刻鏤：描繪修飾。

（一）制戒因緣

1. 僧眾安居

那時，世尊在舍衛國祇樹給孤獨園，與大比丘僧眾五百人在一起，在其中夏安居，全都是大家認識的，如舍利弗、大目揵連尊者、大迦葉尊者、大迦旃延尊者、劫賓那〔註192〕尊者、摩訶拘絺羅尊者、摩訶朱那尊者、阿那律尊者、離越〔註193〕尊者、阿難尊者、難陀尊者、那提〔註194〕……這樣等等五百人在一起。

2. 尼眾安居

那時，大愛道〔註195〕比丘尼、差摩〔註196〕比丘尼、蓮華色比丘尼、提舍瞿曇彌〔註197〕比丘尼、波梨遮羅夷〔註198〕比丘尼、訴彌〔註199〕比丘尼、數那〔註200〕比丘尼、蘇羅〔註201〕比丘尼、遮羅夷〔註202〕比丘尼、婆遮羅〔註203〕比丘尼、尸羅婆遮那〔註204〕比丘尼、阿羅婆〔註205〕比丘尼、摩羅毘〔註206〕比丘尼、朱泥〔註207〕比丘尼、婆泥〔註208〕比丘尼……這樣等等五百名比丘尼，以大愛道為首，於舍衛國王園〔註209〕中夏安居。

3. 尼請說法

這時，大愛道前往到世尊之所，頭面禮足，坐在一旁，坐下後稟告世尊說：

〔註192〕劫賓那：音譯詞。巴利語 Kapphina，意為黃色；被譽為「知星宿第一」。
〔註193〕離越：音譯詞。巴利語 Revata，星宿名；被譽為「坐禪第一」。
〔註194〕那提：音譯詞。巴利語 Nadi，意譯「河」；原為外道，摩訶迦葉的兄弟。〔金〕〔宋元明〕〔宮〕〔聖〕作「般陀」，即下文述及首往尼眾教誡者。
〔註195〕大愛道：「摩訶波闍波提」的意譯。
〔註196〕差摩：音譯詞。巴利語 Khemā，意譯「安穩」；原為瓶沙王的妃子。
〔註197〕提舍瞿曇彌：音譯詞。巴利語 Kisāgotamī，意譯「瘦」；原為舍衛城的貧家女。
〔註198〕波梨遮羅夷：音譯詞。巴利語 Paṭācārā，意譯「微妙」。
〔註199〕訴彌：音譯詞。巴利語 Somā，原為瓶沙王輔師之母。
〔註200〕數那：音譯詞。巴利語 Soṇā，俗家時號「多子母」，老年出家。
〔註201〕蘇羅：音譯詞。巴利語 Sorā，意譯「善、月」。
〔註202〕遮羅夷：音譯詞。巴利語 Cālā，意譯「行」。
〔註203〕婆遮羅：音譯詞。巴利語 Upacālā，意譯「賢行」；舍利弗之妹。
〔註204〕尸羅婆遮那：音譯詞。巴利語 Sisupacālā，意譯「美玉」；舍利弗之妹。
〔註205〕阿羅婆：音譯詞。巴利語 Selā，意譯「石室」；曠野國王之女。
〔註206〕摩羅毘：音譯詞。巴利語 Māravī，國名。
〔註207〕朱泥：音譯詞。巴利語 Cundī。
〔註208〕婆泥：音譯詞。巴利語 Vana，意譯「林」。
〔註209〕王園：尼眾的住處，相傳由波斯匿王所建，在舍衛城東南，祇樹給孤獨園附近。

「但願世尊聽許比丘們為比丘尼教誡〔註210〕、說法。」

佛告訴大愛道瞿曇彌：「現今聽許比丘們為比丘尼教誡，為比丘尼說法。」

當時，大愛道頭面禮足而離去。

4. 受差說法〔註211〕

那時，世尊告訴阿難說：「從今以後，聽許跟隨次序差遣〔註212〕上座大比丘教誡比丘尼，為她們說法。」

這時，阿難聽聞世尊的教導，便前往般陀〔註213〕比丘之所，說：「長老，請為比丘尼教誡、說法。」

般陀回報阿難說：「我所誦讀的，僅一偈而已；為什麼要教誡比丘尼呢？為什麼要說法呢？」

阿難再次對般陀說：「長老，請教誡比丘尼，為她們說法。」

般陀再次回報阿難說：「我所誦讀的，僅一偈而已；為什麼要教誡比丘尼，為她們說法呢？」

阿難第三次對般陀比丘說：「世尊有教示，差遣上座比丘教誡比丘尼，為她們說法。長老，應教誡比丘尼，為她們說法。」

當時，尊者般陀默然，接受勅令。

5. 輕視般陀

那時，六群比丘尼聽聞尊者般陀比丘翌日將依次第來教授，大家互相說：「這愚昧的般陀，僅誦讀一首偈而已，說完就會沉默，還有什麼可說呢？」

6. 般陀說偈

那時，尊者般陀翌日清晨穿衣持鉢，入舍衛城乞食後，回到僧伽藍中，整理好衣服，帶同一比丘，前往拜訪王園中比丘尼安居之所。

這時，比丘尼們遠遠看見尊者般陀過來，各各前往迎接，有的給他拂拭衣服，有的幫他捉拿鉢，敷設坐具，有的準備潔淨的水和洗足器。

這時，尊者般陀便走到座位而坐下，比丘尼們等人上前禮足後，坐在一旁。

這時，大愛道稟告尊者般陀說：「現今正是適當時候，可以為比丘尼們教

〔註210〕教誡：《巴利律》作 ovadanta，訓誡、勸告。

〔註211〕古印度佛教以為女性較柔弱，不便遊行，故須每半月派比丘往教。

〔註212〕差遣：〔大〕原作「差」。《巴利律》作 sammata，同意、指定。

〔註213〕般陀：音譯詞。巴利語 Panthaka，意譯「道生、大路邊生、大路」。

誡、說法。」

這時，般陀便說偈道：「入寂者歡喜，見法得安樂；世無恚最樂，不害於眾生。世間無欲樂，出離於愛欲；若調伏我慢，是為第一樂。」〔註214〕

這時，尊者般陀說完這首偈後，便進入第四禪〔註215〕。

當時，六群比丘尼各自互相戲笑說：「我們一早便說過，般陀比丘是愚癡人，僅誦讀一首偈；如過來為我們說完後，還有什麼會說呢？現今他沉默，果然像我們所說。」

7. 再三說偈

那時，羅漢比丘尼們，聽聞般陀所說，都十分歡喜，知道般陀有大神力。

這時，大愛道再對尊者般陀說：「請為比丘尼們教誡、說法。」

這時，般陀比丘便重複說剛才的偈後，進入第四禪，默然無語。

當時，大愛道再請尊者般陀為比丘尼們教誡、說法，般陀比丘便重複說剛才的偈後，回來進入第四禪，默然停住。

8. 展現神通

那時，六群比丘尼再次互相說：「尊者般陀糊塗無知，僅誦偈一首，如過來為我們說法的話，一說就完；如今沉默，果然像我們所說。」唯有阿羅漢比丘尼知道般陀是阿羅漢，有大神力。

這時，尊者般陀便這樣想念：「我現今觀察眾人心中，聽聞我之前所說的，是否歡喜呢？」

這時，尊者般陀便觀察比丘尼們的心意，或有歡喜，或有不歡喜，便再次想念道：「我現今寧可令她們悔恨。〔註216〕」

他便凌空升起，或現身說法，或隱形說法，或現上半身說法，或不現上半身說法，或身體冒出煙火，或整個人不見了。

當時，尊者般陀在天空中，為比丘尼們展現這些變化和說法後，便在空中離去。

9. 六群說法

那時，六群比丘派使者告訴六群比丘尼說：「我們依次第，將為比丘尼教

〔註214〕相傳般陀快將得道時，佛為他說這首偈，般陀得聞，即得阿羅漢果。

〔註215〕第四禪：色界四禪天中之最高天。

〔註216〕這意謂般陀展現神通，震懾民眾，令原先輕視或不喜歡他的比丘尼，會後悔未有仔細聽他說法。

誡、說法。」

這時，六群比丘尼便告訴比丘尼僧眾說：「六群比丘依次第，將教授、說法。」

這時，六群比丘在夜晚過去後，於翌日清晨，穿衣持鉢，入舍衛城乞食，乞食後回到僧伽藍中，再次整理衣服，秉持威儀，前往拜訪王園，到比丘尼安居之所，走到座位而坐下。

當時，比丘尼們禮足後，各各走到座位坐下。

10. 言不及義

那時，六群比丘教誡比丘尼時，竟說其他事情：不說戒、定、智慧、解脫、解脫知見〔註217〕、少欲知足、出離生死的修業、捨離世間趨向善道、不處紛亂吵鬧之地、十二因緣〔註218〕論；反而說王者論、人民論、軍馬論、鬥諍論、大臣論、騎乘論、婦女論、華鬘論、酒會論、婬女論、床臥論、衣服論、美飲食論、浴池娛樂論、作親里論、別異論〔註219〕、思惟俗事論、入海論；更多參與這些論說之中，或嬉笑，或跳舞，或鼓動嘴唇去彈奏和吹笙，或吹口哨，或扮吹螺貝的聲音，或扮孔雀的叫聲，或扮鶴的叫聲，或兩腳並走，或一腳跛行，或裝扮戰陣〔註220〕。

這時，六群比丘尼看見這些事情，極為歡喜說：「六群比丘這樣教授，最為合適。」羅漢比丘尼因為心存恭敬，默然不語。

這時，大愛道前往世尊之所，頭面禮足後，站在一旁，不久稟告世尊說：「六群比丘依次第來教授比丘尼，竟說其他事情，亦不為大家說戒論、定論……乃至不處紛亂吵鬧之地、十二因緣論；但說王者論……乃至思惟俗事論、入海論，而且戲笑或歌舞……乃至一腳跛行、裝扮戰陣。」

當時，大愛道稟告世尊，說完這事後，頭面禮足而離去。

11. 佛斥六群

那時，世尊藉這段因緣召集比丘僧眾，明知故問六群比丘說：「你們確實這樣教誨比丘尼嗎？」

〔註217〕解脫知見：自知解脫的智慧。
〔註218〕十二因緣：十二種導致生死輪迴的條件：無明、行、識、名色、六處、觸、受、愛、取、有、生、老死。
〔註219〕別異論：論述世間事物各各別異。
〔註220〕裝扮戰陣：〔大〕原作「干戰」。

這時，六群比丘報說：「確實這樣，世尊。」

這時，世尊怒聲斥責六群比丘說：「你們做錯了！不合威儀、不合沙門法、不是清淨的行為、不是隨順佛法的行為，都不應做。為什麼你們這樣教授比丘尼呢？」

12. 差教授人羯磨

這時，世尊用無數方法怒聲斥責六群比丘後，告訴比丘們：「從今以後，當在僧眾中差遣教授比丘尼的人。行『白二羯磨』，應差遣能主持羯磨者……如上文，這樣告白：

大德僧聽，若僧時到，僧忍聽差某甲比丘教授比丘尼。白如是。」

「大德僧聽，差此某甲比丘教授比丘尼。誰諸長老忍差此比丘教授比丘尼者，默然；誰不忍者，說。」

「僧已忍差某甲比丘教授比丘尼竟，僧忍，默然故，是事如是持。」

13. 六群擅派人

那時，六群比丘這樣說：「僧眾不差遣我們教授比丘尼。」便出去界外〔註221〕，互相差遣教授比丘尼人，派使者告訴六群比丘尼：「為我們向比丘尼僧眾宣告：『僧眾差遣六群比丘，將來教誡比丘尼』。」

比丘們聽聞，其中有少欲知足、行頭陀、喜好學戒，知慚愧者，嫌惡斥責六群比丘說：「僧眾不差遣你們教授比丘尼，為什麼在界外再互相差遣教誡比丘尼人，派使者對比丘尼說：『僧眾已差遣我們教誡比丘尼』呢？」

這時，六群比丘尼便為比丘尼僧眾宣說：「僧眾已差遣六群比丘教誡比丘尼。」

這時，大愛道聽聞這話後，前往到世尊之所，頭面禮足，站在一旁，把這因緣全部稟告世尊後，頭面禮足而離去。

當時，比丘們前往世尊之所，頭面禮足，坐在一旁，把這因緣全部稟告世尊。

14. 佛斥犯者

那時，世尊召集比丘僧眾，明知故問六群比丘說：「你們確實出界外，再互相差遣教授比丘尼人嗎？」

〔註221〕六群比丘出了界外，即不在所謂寺院的範圍，以避開其他僧眾的監察，不受規管。

六群比丘答道：「確實這樣。」

世尊用無數方法怒聲斥責六群比丘，說：「你們做錯了！不合威儀、不合沙門法、不是清淨的行為、不是隨順佛法的行為，都不應做。愚癡人啊！僧眾不差遣教授比丘尼，為什麼出界外再互相差遣教授比丘尼，派使者對六群比丘尼說：『為我們向比丘尼僧眾宣告：「僧眾差遣我們教誡比丘尼，我現今應教授比丘尼」』呢？」

（二）制戒內容

1. 佛制戒

世尊怒聲斥責後，告訴比丘們：「從今以後，如有比丘做到十件事，然後可以教授比丘尼：圓滿地持守戒律、多聞和背誦二部戒律〔註222〕流利、判斷無疑、擅長說法、出身大族、相貌端正、比丘尼眾看見便歡喜、能擔任為比丘尼眾說法勸令她們歡喜、為佛出家披上法服而不犯重罪、或滿二十歲或超過二十歲，這樣的人可以為比丘尼教誡。從今以後，跟比丘結戒，為了這十句義……乃至使正法得以久住。想說戒者，應這樣說：

若比丘，僧不差，教誡比丘尼者，波逸提。」

2. 釋義

（1）比丘：意義如上文所說。

（2）僧：一同說戒、一同羯磨。

（3）差：僧眾中所差遣者，經過白二羯磨。

（4）教授：八種不可違反的做法〔註223〕：

1）如百臘〔註224〕比丘尼見到初受戒的比丘，應起來迎接、問訊、禮拜、請對方坐下；對這做法應尊重、恭敬、讚歎，終身都不應違反〔註225〕。

2）比丘尼不得責罵比丘，不得誹謗比丘，說他破戒、破見、破違威儀；對這做法應尊重、恭敬、讚歎，終身都不應違反。

〔註222〕二部戒律：〔大〕原作「二部戒」，即比丘戒和比丘尼戒。

〔註223〕八種不可違反的做法：〔大〕原作「八不可違法」。《巴利律》作 aṭṭha garudhammā，八重法、八敬法。

〔註224〕臘：戒臘，指僧人受具足戒以後之年數，僧人的長幼順序即依戒臘多少而定。百臘，就是戒臘有百年的意思。《巴利律》作 vassasatūpasampannāya，受具戒後經百歲。一般來說，女子年滿二十才可受具足戒，百臘比丘尼最少一百二十歲。

〔註225〕違反：〔大〕原作「違」。《巴利律》作 anatikkama，違犯、犯戒、罪過。

3）比丘尼不可以檢舉比丘的罪行說：「你所做的吧！你沒有做嗎？」不可以令比丘自行吐露罪行〔註226〕；不可以遮止比丘尋覓罪行〔註227〕；不可以遮止比丘說戒、自恣；比丘尼不可以說比丘的過失，比丘可以說比丘尼的過失。對這做法應尊重、恭敬、讚歎，終身都不應違反。

4）已學戒的式叉摩那，應向僧眾要求接受大戒；對這做法應尊重、恭敬、讚歎，終身都不應違反。

5）如比丘尼犯僧殘罪，應在二部僧眾中行摩那埵半個月；對這做法應尊重、恭敬、讚歎，終身都不應違反。

6）比丘尼逢每半月應從僧眾中要求教授人；對這做法應尊重、恭敬、讚歎，終身都不應違反。

7）比丘尼不應在沒有比丘的地方夏安居；對這做法應尊重、恭敬、讚歎，終身都不應違反。

8）比丘尼在夏安居結束後，應前往僧眾之中，要求就看見、聽聞、懷疑三種違犯根據來自恣；對這做法應尊重、恭敬、讚歎，終身都不應違反。

3. 差人安排

在說戒時，上座比丘應問比丘尼眾：「派誰來呢？」

如有，便起來稟告僧眾說：「比丘尼眾和合。」禮敬比丘僧眾之足，請求教誡人。

說戒時，上座比丘應再問：「誰教誡比丘尼呢？」如有，應差遣。

如教誡比丘尼的人眾多，應派使者對比丘尼眾說：「這裏有很多教誡人，你想請誰呢？」如那比丘尼說：「我請這一位」，或報說：「我依隨僧眾安排〔註228〕」，僧眾應於經常教授比丘尼之人中，依次第差遣。

4. 迎接安排

比丘眾應準時到達，比丘尼亦準時前往迎接。如比丘時間到了而未去到，突吉羅；比丘尼時間到了而沒有迎接，亦突吉羅。

如聽聞教授師前來，比丘尼應出離半由句去迎接，供給所須，籌辦洗浴的器具，為他準備粥等各種飯食，沒有這樣供給和安排，突吉羅。

〔註226〕自行吐露罪行：〔大〕原作「自言」。

〔註227〕尋覓罪行：〔大〕原作「覓罪」。

〔註228〕安排：〔大〕原作「處分」。

5. 違犯輕重

如僧人沒受差遣，或在非教授的日期前往，為比丘尼說八種不可違反的做法，突吉羅；如僧人不受差遣而前往為比丘尼說法，波逸提。

6. 尼眾禮儀

如比丘僧眾病倒，應派人禮拜、問訊；如比丘不和合、僧數不齊全〔註229〕，應派人禮拜、問訊，否則突吉羅。

如比丘尼僧眾病倒，亦應派人禮拜和問訊比丘僧眾。如比丘尼眾不和合、僧數不齊全，亦應派人禮拜、問訊，否則突吉羅。

（三）兼制

比丘尼，突吉羅；式叉摩那、沙彌、沙彌尼，突吉羅。這叫做犯。

（四）開緣

不犯：僧眾差遣教授比丘尼，說戒時，上座問：「派那比丘尼前來呢」；如有，那比丘尼便應起來，稟告僧眾說：「比丘尼眾和合，禮敬比丘僧眾之足，請求教授比丘尼人」。上座應問道：「誰應當教誨比丘尼呢」；如有，應差遣他教授比丘尼。

如教授人多，上座應問：「請誰教授呢」；如比丘尼說：「我正想請某甲」，僧眾應隨她所說的差遣。如比丘尼說：「一切依僧眾安排」，這時便應於經常教授的人中，依次第差遣前往。

僧眾應準時前往，比丘尼亦應準時迎接。那時比丘尼聽聞教授師前來，應出離半由旬迎接，安置座位，籌辦洗浴用具，籌辦粥等各種飯食。如僧眾所差遣者，到集會日，為比丘尼說八種不可違反的做法，應依次第前往為比丘尼說法。

如僧眾病倒，比丘尼派人禮拜僧眾；僧數不齊全，別部〔註230〕不和合，派使者禮拜。如比丘〔註231〕尼病倒，或僧數不齊全、不和合，亦應派使者禮拜、問訊僧眾。或水路有阻礙、道路有危難，有盜賊、虎、狼、獅子，河水暴漲，為有勢力者捉住，或被人繫綁拘禁，性命有危險、梵行受威脅，不容許派人禮拜、問訊，凡此都無犯。

〔註229〕僧數不齊全：〔大〕原作「眾不滿足」。這意謂有僧人或因病等緣由，未能出席集會或活動，故僧眾人數未臻完整。

〔註230〕別部：僧眾中的異見者。

〔註231〕丘：〔大〕作「比」，今依〔麗〕〔金〕。

二十二、與尼說法至日暮戒

提要：難陀受差遣教授比丘尼，但時間太長，以至日落，令僧尼被誤會共宿。

（一）制戒因緣

1. 聽法太晚

那時，佛在舍衛國祇樹給孤獨園。

這時，尊者難陀〔註232〕受僧眾所差遣，教授比丘尼；教授比丘尼後，默然而停住。

這時，大愛道說道：「尊者難陀，我們希望聽聞法義，但願再為我們宣說。」

這時，尊者難陀給比丘尼說法後，默然而停住。

大愛道再次請求說：「我們希望聽聞法義，但願為我們說法。」

這時，尊者難陀用美好的聲音為比丘尼說法，聽眾都聽得喜歡，一直到日落。

這時，比丘尼離開祇桓精舍，前往舍衛城，城門已關閉，不能入城，便到城門外的坑〔註233〕中留宿。

清晨，城門在面前打開，得以入城。〔註234〕

2. 僧尼被指共宿

那時，長者們看見後，都說：「沙門釋子，不知慚恥，沒有清淨的行為，自稱說：『我修習正法』，這樣何來有正法呢？你們都看到這些比丘尼整夜跟比丘一同度宿，到日間才放還。」

比丘們聽聞後，當中有少欲知足、行頭陀、喜好學戒、知慚愧者，嫌惡斥責說：「為什麼難陀為比丘尼教誡，直至日落，令長者們嫌惡斥責呢？」

比丘們前往世尊之所，頭面禮足，坐在一旁，把這因緣全部稟告世尊。

3. 佛斥犯者

那時，世尊藉這因緣召集比丘僧眾，明知故問尊者難陀：「你確實為比丘尼教誡，直至日落嗎？」

〔註232〕難陀：《巴利律》作 Cūḷapanthaka，音譯「朱利槃特」；相傳他不能持戒，被兄長威脅逐出僧眾；佛知道後，派他打掃，不久以此證阿羅漢果。

〔註233〕坑：〔大〕原作「塹」。《巴利律》作 bahinagare，在城外。

〔註234〕尼寺一般位於城內，以保護尼眾的安全。

難陀答道：「確實這樣。」

這時，世尊用無數方法怒聲斥責難陀說：「你做錯了！不合威儀、不合沙門法、不是清淨的行為、不是隨順佛法的行為，都不應做。為什麼難陀為比丘尼說法、教誡，直至日落呢？」

（二）制戒內容

1. 佛制戒

世尊怒聲斥責後，告訴比丘們：「這難陀，愚癡人啊！會引生多種有漏，最初犯本戒。從今以後，跟比丘們結戒，為了這十句義……乃至使正法得以久住。想說戒者，應這樣說：

若比丘，為僧差教授比丘尼……乃至日暮〔註235〕者，波逸提。」

2. 釋義

（1）比丘：意義如上文。

（2）僧：一同教授、一同羯磨。

（3）教授：僧眾中受差遣，經白二羯磨。

3. 違犯輕重

那比丘，受僧眾所差遣，教授比丘尼，應未至日落便回來。

如比丘，教授比丘尼，直至日落，波逸提。

除教授外，或比丘尼要聽受經法，或誦經，或問經法；或因其他事，直至日落，突吉羅。

除比丘尼外，如為其他婦女誦經；或婦女聽受經法，或問經法；或因為其他事情，直至日落，突吉羅。

4. 境想

如日落，有日落的想法，波逸提；有日落的懷疑，突吉羅；日落，有不日落的想法，突吉羅；有不日落的懷疑，突吉羅。

（三）兼制

比丘尼，突吉羅；式叉摩那、沙彌、沙彌尼，突吉羅。這叫做犯。

（四）開緣

不犯：教授比丘尼未至日落便停止；除婦女外，如為餘人，或教授誦經；

〔註235〕日暮：《巴利律》作 atthaṅgate sūriye，太陽滅沒。

或餘人接受經法,或問經法;或因其他事情,不犯。

如在渡頭〔註236〕說法,比丘尼聽聞;〔註237〕或與商旅一同夜行說法,或至比丘尼寺中說法,或在說戒日來到僧眾之中,請教授人時遇上說法便聽,無犯。

二十三、譏教尼人戒〔註238〕

提要:比丘尼供養教授師豐足,六群比丘嫉妒並誣蔑。

(一)制戒因緣

1. 嫉妒他師

那時,佛在舍衛國祇樹給孤獨園。

這時,那些比丘尼聽聞教授師過來,走出半由旬迎接,安排好房舍,籌辦粥或飲食、床、座具、洗浴處〔註239〕。

這時,六群比丘這樣想念:「那些比丘不差遣我們教授比丘尼。」並心生嫉妒說:「那些比丘教授比丘尼,並非真實,只為求飲食,所以教授比丘尼誦經、所從受經〔註240〕,或答問經法。」

這時,比丘們聽聞,其中有少欲知足、行頭陀、喜好學戒、知慚愧者,嫌惡斥責六群比丘:「為什麼說這樣的話:『那些比丘不差遣我們教授比丘尼』,便心生嫉妒:『那些比丘教授比丘尼,並非真實;只為求飲食,所以教授比丘尼誦經、所從受經,或答問經法』。」

比丘們前往世尊之所,頭面禮足,坐在一旁,把這因緣全部稟告世尊。

2. 佛斥犯者

那時,世尊召集比丘僧眾,怒聲斥責六群比丘說:「你們做錯了!不合威儀、不合沙門法、不是清淨的行為、不是隨順佛法的行為,都不應做。為什麼六群比丘說這樣的話:『那些比丘不差遣我們教授比丘尼』,便心生嫉妒:『那些比丘教授比丘尼,並非真實;只為求飲食,所以教授比丘尼誦經、所從受經、或答問』呢?」

〔註236〕渡頭:〔大〕原作「船濟處」。
〔註237〕這意謂比丘在渡頭為俗人說法,多人渡河,說至日落,比丘尼在旁聽到。
〔註238〕《巴利律》作第24戒。
〔註239〕《巴利律》記教誡比丘會得到衣服、飲食、臥具、藥物。
〔註240〕所從受經:〔大〕原作「受經」,意謂比丘尼從教授師聽受經法。

（二）制戒內容

1. 佛制戒

世尊用無數方法怒聲斥責六群比丘後，告訴比丘們：「這些愚癡人啊！會引生多種有漏，最初犯本戒。從今以後，跟比丘結戒，為了這十句義……乃至使正法得以久住。想說戒者，應這樣說：

若比丘，語諸比丘，作如是語：『比丘為飲食〔註241〕故，教授比丘尼』者，波逸提。」

2. 釋義

（1）比丘：意義如上文。

3. 違犯輕重

那比丘這樣說：「比丘們為求飲食，所以教授比丘尼；為求飲食，所以教授誦經、接受經法，或答問經法」，說得清楚，波逸提；不清楚，突吉羅。

（三）兼制

比丘尼，突吉羅；式叉摩那、沙彌、沙彌尼，突吉羅。這叫做犯。

（四）開緣

不犯：事情確實是這樣：為求飲食供養故教授比丘尼，為了飲食故教授誦經、所從受經，或答問經法；〔註242〕或戲笑說、獨處說、夢中說、想說這樣卻錯說那樣，無犯。

二十四、與非親尼衣戒〔註243〕

提要：比丘答謝了比丘尼又後悔，令僧尼不敢交換衣物。

（一）制戒因緣

1. 不受施捨

那時，佛在舍衛國祇樹給孤獨園。

這時，舍衛城中有一乞食比丘，舉止動作都具有威儀。

這時，有比丘尼看見，便心生善意，屢次請那比丘接受供養〔註244〕，比

〔註241〕飲食：《巴利律》作 āmisa，財物、食物。
〔註242〕這意謂有比丘確實為了飲食而教授尼眾，其他比丘這樣說，不犯。
〔註243〕《巴利律》作第 25 戒。
〔註244〕請……接受供養：〔大〕原作「請」。

丘都不接受。

2. 假意報答

後來在另一時間，祇桓精舍僧眾分發衣物，這比丘拿著所得衣步出祇桓精舍門口，那比丘尼才剛進入祇桓精舍，那比丘想念道：「這比丘尼屢次請我接受供養，而我都沒有接受，我現今不如拿這衣請她接受供養，她必定不會取去，這樣相贈，足以報答。」

這時，這比丘對比丘尼說：「大妹，這衣是我分得的，有須要可以取去。」

這時，比丘尼便接受了。

3. 嫌責比丘尼

這比丘，嫌惡斥責比丘尼說：「我屢次向人說：『那比丘尼多次請我接受供養，把鉢中剩下的食物給我，而我沒有取去』。」

「我就這樣想念：『那比丘尼屢次請我接受供養，把鉢中剩下的食物給我，而我沒有取去。我現今不如拿這衣分給那比丘尼，她必定不會接受，這樣相贈，足以報答』，而她卻接受了。」

這時，比丘們聽聞，其中有少欲知足、行頭陀、喜好學戒、知慚愧者，嫌惡斥責那比丘說：「為什麼比丘給比丘尼衣，不捨得卻請她〔註245〕接受供養呢？」

比丘們前往世尊之所，頭面禮足，坐在一旁，把這因緣全部稟告世尊。

4. 佛斥犯者

那時，世尊召集比丘僧眾，怒聲斥責那比丘：「你做錯了！不合威儀、不合沙門法、不是清淨的行為、不是隨順佛法的行為，都不應做。為什麼給比丘尼衣，不捨得卻又請她接受供養呢？」

（二）制戒內容

1. 佛初制戒

世尊用無數方法怒聲斥責那比丘後，告訴比丘們說：「這愚癡人啊！會引生多種有漏，最初犯本戒。從今以後，跟比丘結戒，為了這十句義……乃至使正法得以久住。想說戒者，應這樣說：

　　若比丘，與比丘尼衣，波逸提。」

〔註245〕她：〔大〕原作「他」，古時泛指男女。

這樣世尊跟比丘結戒。

2. 修訂前制

其中有比丘畏懼謹慎，不敢給親里比丘尼衣，稟告佛。

佛說：

「自今已去，聽與親里比丘尼衣；若與非親里比丘尼衣者，波逸提。」

這樣世尊跟比丘結戒。

3. 再修訂前制

那時，祇桓精舍中二部僧眾一同分衣物，比丘的衣分了給比丘尼，比丘尼的衣分了給比丘。

這時，比丘尼拿著所得衣，拜訪僧伽藍中，稟告比丘們：「大德，交換這衣嗎？」

比丘答道：「妹妹們，我們不可以給非親里比丘尼衣物。」

那時，比丘們稟告佛。

佛說：「從今以後，如是交換，聽許給非親里比丘尼衣。從今以後，應這樣說戒：

若比丘，與非親里比丘尼衣，除貿易〔註246〕，波逸提。」

4. 釋義

（1）比丘：意義如上文所說。

（2）非親里：如上文所說。

（3）親里：也如上文。

（4）衣：有十種，如上文所說。

（5）貿易：用衣交換衣、用衣交換非衣、用非衣交換衣、用針換刀，或一縷一線……下至一片藥。如比丘，給非親里比丘尼衣，除了交換，波逸提。

（三）兼制

比丘尼，突吉羅；式叉摩那、沙彌、沙彌尼，突吉羅。這叫做犯。

（四）開緣

不犯：給親里比丘尼，互相交換；為了塔、為了佛、為了僧眾，無犯。

〔註246〕貿易：《巴利律》作 pārivaṭṭaka、交易的、以物易物的。

二十五、與非親尼作衣戒〔註247〕

提要：迦留陀夷為比丘尼製衣時，作婬欲形像，其後比丘不敢為親里尼製衣。

（一）制戒因緣

1. 製婬欲衣

那時，佛在舍衛國祇樹給孤獨園。

這時，有比丘尼想製僧伽梨衣〔註248〕，為了製衣的緣故來到僧伽藍中，對尊者迦留陀夷說：「大德，我拿來這些衣料〔註249〕，想製僧伽梨衣，願求尊者為我製衣。」

迦留陀夷報說：「我不能製。」

比丘尼問道：「為什麼不為我製衣呢？」

迦留陀夷報說：「你們喜歡常常來催促，所以不能製。」

比丘尼報說：「我不會常常來催促，製好衣後交給我。」

迦留陀夷報說：「好吧。」

這時，比丘尼交衣料給他而離去。

迦留陀夷熟悉製衣的方法，便給她裁剪成男女行婬的圖像〔註250〕。

2. 譏笑尼衣

那時，比丘尼來到僧伽藍中，問迦留陀夷說：「大德，為我製成衣了嗎？」

迦留陀夷答道：「衣已製成。」

比丘尼說：「衣如已製成，現今可以給我。」

這時，迦留陀夷便摺好〔註251〕衣服交給她，說道：「大妹，應知道這衣不可以隨便打開來看，亦不可以向人展示；如告白時間已到，應穿這衣，隨比丘尼眾之後行走。」

這時，比丘尼依從他的教導，沒有打開衣來看，亦沒有告訴他人。

後來到另一時間，告白時間已到，她便穿著這衣，隨比丘尼僧眾之後行走。

〔註247〕《巴利律》作第 26 戒。

〔註248〕僧伽梨衣：《巴利律》作 cīvara，衣服。

〔註249〕衣料：〔大〕原作「衣財」。

〔註250〕男女行婬的圖像：〔大〕原作「男女行婬欲像」，《巴利律》作 paṭibhānacitta，戲畫（春宮畫）。

〔註251〕摺好：〔大〕原作「襞」。

居士們看見了，都一同譏笑，或拍手相向，或拍打木頭，或吹口哨，或高聲大笑說：「你們看這比丘尼所穿的衣呀！你們看這比丘尼所穿的衣呀！」

3. 教示比丘尼

那時，摩訶波闍波提比丘尼看見後，對這比丘尼說：「大妹！快快脫下這衣。」她便摺好放在肩膊上。

這時，摩訶波闍波提比丘尼進食後，回到僧伽藍中，對那比丘尼說：「拿你剛才的衣服來，我想看看它。」那比丘尼便拿出來展示。

摩訶波闍波提問道：「誰給你做這衣呢？」

比丘尼報說：「是迦留陀夷所做。」

摩訶波闍波提告說：「為什麼不打開來看，展示給同學呢？縫紉剪裁得宜嗎？牢固嗎？」

這時，比丘尼把迦留陀夷告誡之事全部向她說。

這時，比丘尼眾中，有少欲知足、行頭陀、喜好學戒、知慚愧者，嫌惡斥責迦留陀夷：「為什麼竟為比丘尼製這樣的衣呢？」

當時，比丘尼告訴比丘們，比丘們便前往稟告世尊。

4. 佛斥犯者

世尊藉這因緣召集比丘僧眾，明知故問迦留陀夷說：「你確實為比丘尼製這樣的衣嗎？」

迦留陀夷答道：「確實這樣。」

世尊用無數方法怒聲斥責迦留陀夷說：「你做錯了！不合威儀、不合沙門法、不是清淨的行為、不是隨順佛法的行為，都不應做。為什麼為比丘尼製這樣的衣呢？」

（二）制戒內容

1. 佛制戒

世尊怒聲斥責迦留陀夷後，告訴比丘們：「這愚癡人啊！會引生多種有漏，最初犯本戒。從今以後，跟比丘結戒，為了這十句義……乃至使正法得以久住。想說戒者，應這樣說：

若比丘，與比丘尼作〔註252〕衣者，波逸提。」

這樣世尊跟比丘結戒。

〔註252〕作：《巴利律》作 sibbeyya，縫紉。

2. 修訂前制

那時，比丘們畏懼謹慎，不敢為親里比丘尼製衣，前往稟告佛。

佛說：「從今以後，聽許比丘為親里比丘尼製衣。從今以後，應這樣說戒：

若比丘，與非親里比丘尼作衣者，波逸提。」

3. 釋義

（1）比丘：意義如上文。

（2）非親里、親里：如上文。

（3）衣：有十種，也如上文。

4. 違犯輕重

如那比丘，為非親里比丘尼製衣，隨著用剪刀裁剪了多少，波逸提；隨著所縫的一針一線，亦波逸提；如再打開來看，牽拉衣料，加以熨平，用手撫摸，或捉著一角拉布，令它變得方正，貼上布塊〔註253〕，或摺邊，或索緊毛線〔註254〕，或續長毛線，全突吉羅。

（三）兼制

比丘尼，突吉羅；式叉摩那、沙彌、沙彌尼，突吉羅。這叫做犯。

（四）開緣

不犯：為親里比丘尼製，為僧眾製，或為塔製；或借來穿著，洗滌、漂染、整理，然後歸還主人，無犯。

二十六、獨與尼屏露坐戒〔註255〕

提要：迦留陀夷跟偷蘭難陀尼坐在一起。

（一）制戒因緣

1. 僧尼並坐

那時，世尊在舍衛國祇樹給孤獨園。

這時，尊者迦留陀夷相貌端正，偷蘭難陀比丘尼也相貌端正，與常人有異。

〔註253〕布塊：〔大〕原作「帖」。布塊用來遮蓋污跡。

〔註254〕毛線：〔大〕原作「綖」。

〔註255〕《巴利律》作第30戒。

迦留陀夷對偷蘭難陀比丘尼有欲念，偷蘭難陀比丘尼亦對迦留陀夷有欲念。

這時，迦留陀夷清晨穿衣持鉢，前往到偷蘭難陀之所，在門外一同在一處坐下。

這時，居士們看見後，都一同嫌惡，各各互相說：「你們看這兩個人一同坐下，猶如夫婦，亦如鴛鴦。」

這時，比丘們聽聞，其中有少欲知足、行頭陀、喜好學戒、知慚愧者，嫌惡斥責迦留陀夷：「為什麼與偷蘭難陀比丘尼在門外一同在一處坐下呢？」

當時，比丘們前往世尊之所，頭面禮足，坐在一旁，把這因緣全部稟告世尊。

2. 佛斥犯者

世尊藉這因緣召集比丘僧眾，明知故問迦留陀夷說：「你確實與偷蘭難陀比丘尼在門外一同在一處坐下嗎？」

迦留陀夷答說：「確實這樣。」

世尊用無數方法怒聲斥責迦留陀夷說：「你做錯了！不合威儀、不合沙門法、不是清淨的行為、不是隨順佛法的行為，都不應做。為什麼與偷蘭難陀比丘尼一同在門外一處坐下呢？」

（二）制戒內容

1. 佛制戒

世尊怒聲斥責迦留陀夷後，告訴比丘們：「這愚癡人啊！會引生多種有漏，最初犯本戒。從今以後，跟比丘結戒，為了這十句義……乃至使正法得以久住。想說戒者，應這樣說：

若比丘，與比丘尼在屏處〔註256〕坐者，波逸提。」〔註257〕

2. 釋義

（1）比丘：意義如上文。

（2）一處：一是比丘、一是比丘尼。

（3）屏障處：

〔註256〕屏處：《巴利律》作 raho，靜處、秘密。

〔註257〕戒條標出違犯地是屏蔽處，制戒緣起只談到在露天地方，道宣認為屏蔽和露天只是地點不同，違犯性質相當，故擬定的戒名標出屏蔽和露天兩地。

１）見屏處：或塵，或霧，或煙雲，或黑暗不見。

２）聞屏處：……乃至聽不到平常談話的聲音。

（４）障：或樹木，或牆壁，或籬笆，或衣物，或還用其他物件障隔。

3. 違犯輕重

如比丘，獨自在屏障處跟比丘尼坐下，波逸提；或有盲而不聾、聾而不盲的人作伴，突吉羅；〔註258〕僅停下站立，突吉羅。

（三）兼制

比丘尼，突吉羅；式叉摩那、沙彌、沙彌尼，突吉羅。這叫做犯。

（四）開緣

不犯：如比丘有同伴；或有智者，有二不盲不聾、不聾不盲的人作伴；或路過突然倒在地上，或病倒輾轉反側，或被有勢力者捉住，或被人繫綁拘禁，或性命有危險、梵行受威脅，無犯。

二十七、與尼期行戒

提要：六群比丘和比丘尼一起出遊。

（一）制戒因緣

1. 僧尼同遊

那時，世尊在舍衛國祇樹給孤獨園。

這時，六群比丘與六群比丘尼在拘薩羅國人間遊行。

居士們看見，都一同嫌惡他們：「沙門釋子，無有慚愧、不修梵行，對外自稱說：『我修習正法』，這樣何來有正法呢？與比丘尼在人間遊行，如有欲念，便應離開道路。」

比丘們聽聞，其中有少欲知足、行頭陀、喜好學戒、知慚愧者，嫌惡斥責六群比丘說：「為什麼與六群比丘尼一同在人間遊行呢？」

比丘們前往到世尊之所，頭面禮足，坐在一旁，把這因緣全部稟告世尊。

2. 佛斥犯者

世尊藉這因緣召集比丘僧眾，怒聲斥責六群比丘說：「你們做錯了！不合威儀、不合沙門法、不是清淨的行為、不是隨順佛法的行為，都不應做。為什

〔註258〕雖有二人作伴，但一盲一聾，未能有效監察，故仍違犯。

麼六群比丘與六群比丘尼一同在拘薩羅國人間遊行呢？」

（二）制戒內容

1. 佛初制戒

世尊用無數方法怒聲斥責六群比丘後，告訴比丘們：「這些愚癡人啊！會引生多種有漏，最初犯本戒；從今以後，跟比丘結戒，為了這十句義……乃至使正法得以久住。想說戒者，應這樣說：

　　若比丘，與比丘尼共行，從一村乃至一村間者，波逸提。」

這樣世尊跟比丘結戒。

2. 修訂前制

那時，比丘們沒有事先約定比丘尼，終於在道路相遇，畏懼謹慎，不敢一同行走。佛說：「如沒有約定，無犯。從今以後，應這樣說戒：

　　若比丘，與比丘尼共期〔註259〕，同一道行……乃至一村間，波逸提。」

這樣世尊跟比丘結戒。

3. 再修訂前制

那時，眾多比丘從舍衛國想到毘舍離。

這時，眾多比丘尼亦從舍衛國想到毘舍離。

比丘尼們問比丘說：「大德，想到哪裏去呢？」

比丘們報說：「我想到毘舍離。」

比丘尼說：「大德，我們亦想前往那裏。」

比丘們報說：「大妹，如想前往那裏，應走在前面，我們在後面；如我們走在前面，則大妹在後面。為什麼？世尊制戒：『不得與比丘尼同道行』。」

比丘尼們說：「大德是我們之上的尊者〔註260〕，應走在前面，我們在後面。」

當時，比丘尼眾在後面，被盜賊劫掠，失去衣、鉢。

比丘們把這事全部稟告世尊。

世尊說：「從今以後，如與商旅同行，或有所疑惑和畏懼，無犯。從今以後，應這樣說戒：

　　若比丘，與比丘尼期同一道行，從一村乃至一村，除異時〔註261〕，波逸

〔註259〕期：《巴利律》作 saṃvidhāya，安排、約定。

〔註260〕之上的尊者：〔大〕原作「上尊」。《巴利律》作 ayya，尊貴者。

〔註261〕異時：《巴利律》作 aññatra samayā，其他時間。

提。異時者，與賈客〔註262〕行，若疑、畏怖時，是謂異時。」

4. 釋義

（1）比丘：意義如上文。

（2）期：說一同去到某村、某城、某國土。

（3）有疑處：懷疑有盜賊劫掠。

（4）恐怖：畏懼有盜賊劫掠。

（5）道：村落之間的界域〔註263〕，為行走的處所。

5. 違犯輕重

如比丘，跟比丘尼約定，一同上路……乃至村落之間的界域之行走處，隨著界域的數目多少，逐一波逸提；〔註264〕在沒有村落或空曠之處同行……乃至十里〔註265〕，波逸提。或少於一村，或少於十里，突吉羅；或在多條村落之間但在同一界域上同行，突吉羅；僅想設法同行，或相約一起去修飾寺塔〔註266〕，全突吉羅。

（三）兼制

比丘尼，突吉羅；式叉摩那、沙彌、沙彌尼，突吉羅。這叫做犯。

（四）開緣

不犯：沒有一起約定，有大批同伴同行，去有疑惑和畏懼之處；或到那裏得到安穩，或被有勢力者捉住，或被繫縛，或性命有危險、梵行受威脅，無犯。

二十八、與尼同船戒

提要：六群比丘和比丘尼一起乘船，上行下行。

（一）制戒因緣

1. 僧尼同乘船

那時，佛在舍衛國祇樹給孤獨園。

這時，六群比丘與六群比丘尼一同乘船，往上游、往下游。

〔註262〕賈客：《巴利律》作 sattha，商隊。

〔註263〕界域：〔大〕原作「分齊」。

〔註264〕這意謂在不同的村界行走，每走過一村界，一波逸提。

〔註265〕十里：按隋唐時一里約 530 米，十里即 5.3 公里。《巴利律》作半由旬，約 7 公里。

〔註266〕修飾寺塔：〔大〕原作「莊嚴」。

這時，居士們看見，都一同嫌惡他們，互相說：「沙門釋子，不知慚愧、不修梵行，對外自稱說：『我修習正法』，這樣何來有正法呢？與比丘尼一同乘船，往上游、往下游。如有欲念時，便停船到岸邊，任意妄為。」

這時，比丘們聽聞，其中有少欲知足、行頭陀、喜好學戒、知慚愧者，嫌惡斥責六群比丘：「為什麼與六群比丘尼一同乘船，往上游、往下游呢？」

比丘們前往世尊之所，頭面禮足，坐在一旁，把這因緣全部稟告世尊。

2. 佛斥犯者

世尊藉這因緣召集比丘僧眾，怒聲斥責六群比丘：「你們做錯了！不合威儀、不合沙門法、不是清淨的行為、不是隨順佛法的行為，都不應做。為什麼與六群比丘尼一同乘船往上游、往下游呢？」

（二）制戒內容

1. 佛初制戒

世尊怒聲斥責後，告訴比丘們：「這些六群比丘，愚癡人啊！會引生多種有漏，最初犯本戒；從今以後，跟比丘結戒，為了這十句義……乃至使正法得以久住。想說戒者，應這樣說：

若比丘，與比丘尼共乘船，上水下水者，波逸提。」

這樣世尊跟比丘結戒。

2. 修訂前制

那時，比丘們沒有跟比丘尼約定，而感到畏懼謹慎。

佛說：「沒有約定，無犯。從今以後，應這樣說戒：

若比丘，與比丘尼共期，同一船，上水下水者，波逸提。」

這樣世尊跟比丘結戒。

3. 再修訂前制

那時，有眾多比丘想渡過恒河，從這邊岸到那邊岸。

這時，眾多比丘尼亦想渡過恒河，從這邊岸到那邊岸。

比丘尼們上前問道：「大德，想去哪裏呢？」

比丘報說：「我們想渡過恒河。」

比丘尼說：「可以一同結伴渡過嗎？」

比丘們報說：「妹妹們在前面，我們在後面；否則，妹妹們在後面，我們在前面。為什麼？世尊制戒：『不得與比丘尼同一船渡水』，所以不可以同船。」

比丘尼稟告：「大德是我們所尊崇的人，應在前面，我們在後面。」

這時，夏季天下暴雨，河水高漲，船到了那邊岸，還未回來，已經日落。比丘尼們便在岸邊度宿，晚上遇到兇惡的盜賊搶劫。

這時，比丘們前往稟告佛。

佛說：「直接渡河到對岸，無犯。從今以後，應這樣結戒：

若比丘，與比丘尼共期，同乘一船，上水下水，除直渡〔註267〕者，波逸提。」

4. 釋義

（1）比丘：意義如上文。

（2）共期：亦如上文所說。

（3）船：如上文所說。

5. 違犯輕重

如比丘，跟比丘尼一同約定，乘同一艘船，往上游、往下游，除了直接渡河到對岸外，如上了船，波逸提。

如一腳在船上、一腳在地面，或想設法上船而上不到，或相約一起去修飾寺塔，全突吉羅。

（三）兼制

比丘尼，突吉羅；式叉摩那、沙彌、沙彌尼，突吉羅。這叫做犯。

（四）開緣

不犯：沒有約定；或直接渡河到對岸，或上船後船伏失控往上游或往下游，或到對岸會不得安穩，或為有勢力者捉住，或被繫縛，或性命有危險、梵行受威脅，無犯。

二十九、食尼歡食戒

提要：偷蘭難陀尼對比丘的評價反覆，惹惱施主。

（一）制戒因緣

1. 居士請食

那時，世尊在舍衛國祇樹給孤獨園。

〔註267〕直渡：《巴利律》作 tiriyaṃtaraṇa，橫渡（到對岸）。因為渡河到對岸，需時較短，故開許。

這時，舍衛城中有一居士，請舍利弗、目連，給與飯食；他便於夜間籌辦和具備各種美食，翌日在露天地方敷設了美好的坐具，稟告時候已到。

2. 貶大弟子

那時，偷蘭難陀比丘尼，原先是這居士家〔註268〕的比丘尼〔註269〕。

這時，偷蘭難陀清晨穿衣持鉢，到這居士家中，看見居士在露天地方敷設眾多美好的坐具，看見後便問居士說：「居士敷設這眾多坐具，要請比丘們嗎？」

居士答道：「要請。」

比丘尼便問道：「請哪些比丘呢？」

居士報說：「我請舍利弗、目連〔註270〕。」

比丘尼說道：「居士所請者，全都是下賤人〔註271〕；如提早跟我說，我當為居士請龍中之龍〔註272〕。」

居士問道：「誰是龍中之龍呢？」

比丘尼答道：「尊者提婆達、三聞陀羅、達騫馱羅達婆、瞿婆離、迦留羅提舍〔註273〕便是。」

3. 尼反口

談話之間，舍利弗、目連已到達。

比丘尼看見後，對居士說：「龍中之龍已到。」

居士便對比丘尼說：「你剛才說他們是下賤人，現今為什麼說是龍中之龍呢？從今以後，勿再來我的家。」

4. 說微妙法

那時，居士稟告舍利弗、目連可以坐下，便走到座位坐下。

這時，居士拿出各種美味的飲食供養，二人食完後，居士撤去食具，頭面禮足後，再取來一張小床，坐在一旁，稟告說：「我想聽聞佛法。」

這時，舍利弗、目連為他說各種微妙的佛法，勸導令他歡喜；為他說法

〔註268〕居士家：《巴利律》作 kulūpikā，施主家。
〔註269〕這意謂偷蘭難陀尼經常得到這居士家的布施。
〔註270〕《巴利律》還多列大迦旃延等九人。
〔註271〕下賤人：《巴利律》作 ceṭaka，奴隸、童僕。
〔註272〕龍中之龍：《巴利律》作 mahānāga，大龍象。
〔註273〕後四人即「僧殘·破僧違諫戒第10」所列的「三聞達多、騫茶達婆、拘婆離、迦留羅提舍」，譯語有出入。

後，從座位離去。

5. 提婆達的朋黨

舍利弗、目連回到僧伽藍中，前往世尊之所，頭面禮足，坐在一旁。

世尊明知故問舍利弗、目連說：「你們今日接受請食，是否得到滿足呢？」

舍利弗、目連稟告佛說：「食物雖然充足，但我在居士家，既是下賤，又是龍中之龍。」

佛問道：「為什麼呢？」

這時，舍利弗、目連把這因緣全部稟告世尊說：「她是提婆達派來的朋黨〔註274〕比丘尼，為他勸化居士供養，接受居士的飲食。」

6. 佛斥犯者

那時，世尊藉這段因緣召集比丘僧眾，明知故問提婆達的朋黨比丘說：「你們確實派遣比丘尼，前往讚美勸化檀越，從而得到食物嗎？」

比丘答道：「確實這樣。」

這時，世尊用無數方法怒聲斥責提婆達的朋黨比丘說：「你們做錯了！不合威儀、不合沙門法、不是清淨的行為、不是隨順佛法的行為，都不應做。為什麼你們派比丘尼勸化檀越，接受他的食物呢？」

（二）制戒內容

1. 佛初制戒

世尊怒聲斥責提婆達的朋黨比丘後，告訴比丘們說：「這些愚癡人啊！會引生多種有漏，最初犯本戒。從今以後，跟比丘結戒，為了這十句義……乃至使正法得以久住。想說戒者，應這樣說：

若比丘，遣比丘尼勸化〔註275〕得食，波逸提。」

這樣世尊跟比丘結戒。

2. 修訂前制

那時，比丘們不知道比丘尼有勸化、無勸化，其後才知道；有的作波逸提懺悔，有的感到疑惑。

佛說：「先前不知道者，無犯。從今以後，應這樣說戒：

若比丘，知比丘尼教化得食者，波逸提。」

〔註274〕朋黨：〔大〕原作「部黨」。
〔註275〕勸化：勸人施捨。《巴利律》作 paripācita，斡旋、發展。

這樣世尊跟比丘結戒。

3. 提示大德到來

那時，羅閱城中有大長者，是梨師達〔註276〕的親屬朋友，他這樣說：「如大德梨師達來到羅閱城，我們當為了梨師達首次來到的緣故，供養僧眾。」

長者家常供養的比丘尼聽聞這話，默然記在心中。

在另一時候，尊者梨師達來到進入羅閱城。

這時，比丘尼聽聞尊者梨師達前來入城，便前往對長者說：「想知道嗎？梨師達已經來到，進入羅閱城了。」

長者便派使者到僧伽藍中邀請他：「明日清晨，願尊者屈就，連同僧眾，接受我的食物。」

4. 不受供養

那時，長者便在當夜籌辦好各種美味的飲食，清晨時前往告知時間已到。

這時，比丘們穿衣持鉢，前往拜訪長者家，走到座位而坐下。

這時，長者前往拜訪梨師達之所，說道：「正為尊者的緣故，請僧眾飯食。」

這時，梨師達問長者說：「為什麼知道我來到這裏呢？」

長者報說：「我家供養的比丘尼告知的。」

梨師達對長者說：「如真是這樣，我不應食這些食物。」

長者報說：「我亦不是因為比丘尼的話而安排這些食物，我先前已有誓願：如梨師達來到，我安排飯食供養僧眾。」

梨師達再對長者說：「雖然有這番誓言，我亦不應食這些食物。」

這時，梨師達便停止不食。

5. 再修訂前制

那時，比丘們全部稟告世尊。

世尊告說：「如檀越事前已有意圖，無犯。從今以後，應這樣說戒：

若比丘，知比丘尼讚歎教化因緣得食食，除檀越先有意〔註277〕者，波逸提。」

6. 釋義

（1）比丘：意義如上文。

〔註276〕梨師達：音譯詞。巴利語 Isidatta，意譯「仙與」。

〔註277〕有意：《巴利律》作 samārambha，從事、努力。這意謂施主已準備好施捨。

（2）教化：阿練若、乞食人、穿糞掃衣、作餘食法不食、一坐食、一搏食、在墳塚或露地坐、樹下坐、常坐、隨坐、持三衣、讚偈、多聞、法師、持律、坐禪。〔註278〕

（3）食：從清晨至中午得以進食。

7. 違犯輕重

那比丘，知道因比丘尼的教化而得到食物，每吞咽一口〔註279〕，波逸提。

除這些飯食外，因教化而得到其他襯體衣〔註280〕、燈油、塗腳油，全突吉羅。

8. 境想

知道是教化，有教化的想法，波逸提；有教化的懷疑，突吉羅；不教化，有教化的想法，突吉羅；有不教化的懷疑，突吉羅。

（三）兼制

比丘尼，突吉羅；式叉摩那、沙彌、沙彌尼，突吉羅。

（四）開緣

不犯：或不知道，或檀越先有意願，或教化但沒有教化的想法，或比丘尼自行做出，或檀越令比丘尼準備食物，或不因為教化而經乞食給與，無犯。

三十、與女人期同行戒〔註281〕

提要：阿那律跟女子同行，引起誤會，被其丈夫打至半死。

（一）制戒因緣

1. 跟婦同行

那時，佛在舍衛國祇樹給孤獨園。

這時，毘舍離國有人嫁女給舍衛國人，後來女子與家姑爭執，要返回本國。

這時，阿那律從舍衛國想到毘舍離國。

這時，那婦女問尊者阿那律說：「尊者想到哪裏去呢？」

阿那律答說：「我想到毘舍離。」

〔註278〕類近的列舉見於「僧殘・向女歎身索供戒第4」。
〔註279〕每吞咽一下：〔大〕原作「咽咽」。《巴利律》作 ajjhohāre ajjhohāre，吞吞。
〔註280〕襯體衣：襯身衣、近身衣、內衣。
〔註281〕《巴利律》作第27戒。

婦女便說：「可以帶我去嗎？」

阿那律答說：「可以。」

當時，尊者阿那律便與這婦女一同在道路行走。

2. 丈夫誤會

那時，婦女的丈夫先前不在家，後來回家看不見妻子，便問母親說：「我妻子在哪裏呢？」

其母親回答說：「與我爭執後便逃走離去，不知所蹤。」

這時，丈夫迅速跑去追截她，在路上找到妻子，帶到阿那律之所，說：「為什麼帶我妻子逃走呢？」

這時，阿那律答說：「停止啊！停止啊！不要這樣說，我們不是這樣。」

長者說道：「為什麼說不是這樣呢？你現今與她在同一道路上行走呢。」

3. 打阿那律

其妻子對丈夫說：「我和這尊者上路，猶如兄弟互相追逐，沒有其他過犯。」

丈夫報說：「這人今日帶你逃走，為何不可以這樣說呢？」

當時，這人便把阿那律打至生命垂危。

4. 丈夫懺悔

那時，尊者阿那律便離開道路，在一僻靜地方，結跏〔註282〕趺坐，身體挺直，端正意念，意念繫住當下，進入火光三昧〔註283〕。

這時，長者看見後，便心生善意，長者思念道：「如這阿那律從三昧起來，我應向他禮拜懺悔。」

當時，尊者阿那律從三昧覺醒後，長者便立即懺悔：「只願求大德，接受我的懺悔。」

阿那律接受了他的懺悔。

5. 阿那律說法

那時，長者禮足後，坐在一旁。

這時，阿那律為長者說各種微妙的佛法，令他心感歡喜；給他說法後，便從座位起來而離去。

〔註282〕跏：〔大〕〔麗〕作「加」，今依〔宋元明〕〔宮〕。
〔註283〕火光三昧：身上發出火的禪定。

這時，阿那律進食後，前往到僧伽藍中，把這因緣全部告訴比丘們。

這時，比丘們聽聞，其中有少欲知足、行頭陀、喜好學戒、知慚愧者，嫌惡斥責阿那律：「為什麼阿那律單獨與婦女同路而行呢？」

比丘們前往到世尊之所，頭面禮足，坐在一旁，把這因緣全部稟告世尊。

6. 佛斥犯者

那時，世尊便召集比丘僧眾，明知故問阿那律說：「你確實和婦女同路而行嗎？」

阿那律答說：「確實這樣。」

這時，世尊用無數方法怒聲斥責阿那律說：「你做錯了！不合威儀、不合沙門法、不是清淨的行為、不是隨順佛法的行為，都不應做。你現在為什麼和婦女同路而行呢？」

（二）制戒內容

1. 佛初制戒

這時，世尊用無數方法怒聲斥責阿那律後，告訴比丘們：「這阿那律，會引生多種有漏，最初犯本戒。從今以後，跟比丘結戒，為了這十句義……乃至使正法得以久住。想說戒者，應這樣說：

若比丘，與婦女同一道行……乃至村間，波逸提。」

這樣世尊跟比丘結戒。

2. 修訂前制

那時，比丘們沒有約定，在道路遇到婦女，有的畏懼謹慎，不敢一同走路。

佛說：「沒有約定者，不犯。從今以後，應這樣說戒：

若比丘，與婦女共期，同一道行……乃至村間，波逸提。」

3. 釋義

（1）比丘：意義如上文。

（2）婦女：如上文所說。

（3）共期：亦如上文所說。

（4）道：亦如上文所說。

4. 違犯輕重

如比丘，與婦女約定，同路行走……乃至在村落之間，隨著行走界域的

數目多少，逐一波逸提；如在沒有村落或空曠之處行走十里〔註284〕，波逸提。

如少於一村、少於十里，突吉羅；如在村落裏同一界域內同行，突吉羅；如想設法同行而沒有同行，或相約一起去修飾寺塔，全突吉羅。

（三）兼制

比丘尼，突吉羅；式叉摩那、沙彌、沙彌尼，突吉羅。這叫做犯。

（四）開緣

不犯：事前沒有約定，事實上須到該處才得安穩，或為有勢力者捉住，或被人繫綁拘禁，或性命有危險，或梵行受威脅，無犯。

三十一、施一食處過受戒

提要：六群比丘多番向同一在家人索求度宿及食物。

（一）制戒因緣

1. 多索飲食

那時，佛在舍衛國祇樹給孤獨園。

這時，拘薩羅國有無比丘住處村落，有居士為比丘安排住處〔註285〕，經常供給飲食，如在這處留宿者，聽許接受一頓飯食〔註286〕。

這時，有六群比丘，想前往拘薩羅國無比丘住處的村落，到那住處留宿一夜，得到美好的飲食，再去第二次留宿，又得到美好的飲食。

那些六群比丘這樣想念：「我所以遊行，正正為了食物罷了，現今已經得到。」他們在這住處屢次進食。

這時，居士們都一同譏議嫌惡：「這些沙門釋子，無有滿足、不知慚愧，對外自稱說：『我知道正法』，這樣有什麼正法可言呢？在這住處屢次接受食物，仿似我們常為這些沙門釋子供給飲食；我本來只為了救濟〔註287〕，給留宿一夜罷了。」

這時，比丘們聽聞後，其中有少欲知足、行頭陀、喜好學戒、知慚愧者，嫌惡斥責六群比丘說：「為什麼六群比丘在這住處屢次接受食物呢？」

〔註284〕十里：《巴利律》作半由旬。
〔註285〕住處：《巴利律》作 pūga āvasatha，公共居所。
〔註286〕一頓飯食：〔大〕原作「一食」。
〔註287〕救濟：〔大〕原作「周」。

比丘們前往世尊之所，頭面禮足，坐在一旁，把這因緣全部稟告世尊。

2. 佛斥犯者

那時，世尊藉這因緣召集比丘僧眾，怒聲斥責六群比丘說：「你們做錯了！不合威儀、不合沙門法、不是清淨的行為、不是隨順佛法的行為，都不應做。為什麼六群比丘在這住處屢次接受食物呢？」

（二）制戒內容

1. 佛初制戒

這時，世尊用無數方法怒聲斥責六群比丘後，告訴比丘們：「這些愚癡人啊！會引生多種有漏，最初犯本戒。從今以後，跟比丘結戒，為了這十句義……乃至使正法得以久住。想說戒者，應這樣說：

> 若比丘，一住處食，應受一食；若過一食者，波逸提。」

這樣世尊跟比丘結戒。

2. 修訂前制

那時，舍利弗在拘薩羅國遊行，到訪無比丘住處村落，留宿一夜，翌日清晨得到美食。

舍利弗在這裏患病，想念道：「世尊制戒：『比丘一宿處，應一食；若過者，波逸提』」，便帶病離去，病情於是加劇了。

這時，比丘前往稟告佛，佛說：「從今以後，聽許病比丘超過規定接受食物。從今以後，應這樣說戒：

> 若施一食處，無病比丘應一食；若過受者，波逸提。」

3. 釋義

（1）比丘：意義如上文。

（2）住處：在其中留宿一夜而進食……乃至可在適當時間進食。

（3）病：離開那村落病情會加劇便是。

4. 違犯輕重

如無病比丘，於那留宿一夜之處超過規定接受食物，每吞咽一口，波逸提。

除食物外，再接受其他襯身衣、燈油、塗腳油，皆突吉羅。

（三）兼制

比丘尼，突吉羅；式叉摩那、沙彌、沙彌尼，突吉羅，這叫做犯。

（四）開緣

不犯：留宿一夜接受食物，患病接受超過規定的食物；或居士們請大德居住，我當給食物：我們為了沙門釋子的緣故，安排這裏住宿，供給飲食，或沒有沙門釋子，亦當給其他人；或檀越依次第輪流請食；或兒，或女，或妹，及媳婦，依次第輪流請食，無犯。

或今日接受這人的食物，或明日再接受那人的食物，或河水暴漲，道路險阻，或有盜賊、虎、狼、獅子，或被有勢力者捉住，或被繫綁拘禁，或性命有危險、梵行受威脅，超過一頓飯食，無犯。

三十二、展轉食戒〔註288〕

提要：比丘先接受人請食，後再接受他人請食，致不能多食，令施者不滿。

（一）制戒因緣

1. 乞食困難

那時，世尊在羅閱祇迦蘭陀竹園中。

世尊離開羅閱城，到人間遊行，與大比丘眾一千二百五十人在一起。

這時，國內農田失收，穀物極昂貴，乞食困難，人人面有飢色。

這時，有五百名乞丐跟隨在世尊身後。

2. 無法施食

那時，有婆羅門名叫沙菟〔註289〕，用五百輛車載滿飲食，由冬天到夏天追隨世尊身後，等至匱缺無食物的日子，便會安排供養。

這時，世尊從摩竭陀國界，逐漸教化，到了阿那頻頭國界。

那國的人民爭相拿出供養的器具，用飯供給佛和比丘僧眾，沒有匱缺的日子。

這時，婆羅門終日等候，也沒有匱缺，未能安排供養，便前往阿難之所，對阿難說：「我沙菟有五百輛車載滿飲食，由冬天到夏天追隨世尊，等匱缺無食物的日子，便想安排供養，但我現今不能依次第供養。我們身處俗世，故有各種禍難，為官府勞役。到了裁斷事情的日子，我要親身前往，兼且須處理家庭事務；又要供應官府財物及穀物，公私奔波，從無休息。唯願求尊者代我稟告佛，佛如有教示，我當奉行。如佛及僧眾不能依次第接受飲食，我會把這五

〔註288〕《巴利律》作第33戒。這戒又名「背請」，意為背棄他人的請食。
〔註289〕沙菟：〔宋元明〕〔宮〕作「沙菟」。音譯詞，原語不明。

百輛車的飲食布置在道路上，讓佛和僧眾腳踏走過，則當作受我供養了。」

阿難報說：「暫且等一等啊！我馬上要為你稟告佛。」

3. 佛允施粥

那時，阿難往世尊之所，頭面禮足，站在一旁，把這因緣全部稟告世尊說：「沙㝹婆羅門來到我的地方，這樣說：『有五百輛車載滿飲食，由冬天到夏天追隨世尊，等匱缺無食物的日子，便想安排供養，但是我現今不能依次第供養。我們身處俗世，故有各種禍難，為官府勞役；到了裁斷事情的日子，我要親身前往，兼且須處理家庭事務，又要供應官府財物及穀物，公私奔波，從無休息。唯願求尊者代我稟告佛，佛如有教示，我當奉行。如不能依次第供養，我會把這五百輛車的飲食布置在道路上，讓佛和僧眾用腳踏上而離去，則當作受了我的供養』。我剛才報說：『可以等一等，正要為你稟告佛』。因此稟告世尊如上。」

當時，世尊告訴阿難：「你可以前去對婆羅門說，明天清晨，用這些飲食器具煮粥，給比丘們，讓他們食，之後當在適當時間再接受食物。」〔註290〕

4. 不敢受食

那時，阿難接受佛的教示，便前往婆羅門之所，對婆羅門說：「你可用這些飲食器具煮粥，給比丘們，讓他們食，之後當在適當時間再接受食物。」

這時，婆羅門觀察各種供養，都沒有餅，便在當夜籌辦各種美味的食物：酥油、胡麻子、乳、淨水、薑、椒、蓽茇〔註291〕，製各種粥和餅。

夜晚過去後，婆羅門用這粥供養佛和比丘僧眾，但比丘們不敢接受，對婆羅門說：「世尊未聽許比丘接受酥油……乃至用三種藥〔註292〕煮的各種粥。」

當時，比丘們把這因緣全部稟告世尊。

5. 粥有五善

那時，世尊告訴比丘們：「從今以後，聽許比丘們接受酥油……乃至食三種藥煮的各種粥。食粥有五件事：善於解餓、解渴、消除前夜的食物、調理大小便、去除風患。食粥有這五種好處。」

〔註290〕這裏表示比丘眾可在清早食粥，是為「小食」，至中午前，亦即是適當時間，再食正食，是為「大食」。另參看「捨墮・畜七日藥過限戒第26」、「單墮・覆處敷僧物戒第15」。

〔註291〕蓽茇：音譯名。巴利語 pippala，長胡椒。

〔註292〕三種藥：即上文所述的「薑、椒、蓽茇」。按這三種藥都帶辛辣，用之煮成的粥又稱「三辛粥」。

6. 聽受餅

那時，婆羅門再提供餅，比丘不敢接受，對婆羅門說：「世尊未聽許比丘接受餅。」便前往稟告佛。

佛說：「從今以後，聽許比丘們接受和食餅。」

7. 多人施食

那時，阿那頻頭國居士們，聽聞世尊聽許比丘們食粥及餅，皆非常歡喜，互相說：「我們很快可以供養，增加福德。」

又有一位信仰較薄弱的大臣，看見佛和僧眾得到許多供養，這樣說：「這些都不是少福田者，在穀物昂貴之際，佛和比丘僧眾都可以有到這些供養；我現今不如籌辦充足各種肥美的飲食，每人有肉一碗。」

這時，他便派人到僧伽藍中，告說：「大德僧眾，唯願求接受我明日的請食。」便於當夜籌辦各種肥美的飲食，翌日清晨前往宣告時間已到。

這時，世尊自己留在僧伽藍中，派人接受請食。

這時，阿那頻頭居士們先前聽聞佛聽許比丘們食粥，便於當夜籌辦充足各種粥……如上文；翌日送到僧伽藍中給比丘們。

8. 不能多食

比丘們先前已答允了大臣的請食，又食這各種濃粥，然後前往那大臣的家中進食。

這時，信仰較薄弱的大臣給與比丘僧眾各種飲食，比丘們說：「停止啊！停止啊！檀越稍慢添加。」

大臣對比丘僧眾說：「我特意為比丘僧眾籌辦充足肥美的飲食，每人一碗肉，切勿因為我信心薄弱而不足食。大德們，只管食，我有信心的呢！」

比丘們報說：「並非這原因不食。城中人民聽聞佛聽許比丘們吃粥和餅，便於當夜籌辦充足各種酥油、胡麻子、乳、淨水、薑、椒、蓽茇，用來煮粥，翌日送到僧伽藍中給比丘們，我們因為先食了他們的粥，現今不能再多吃罷了，請勿見怪呢。」

9. 大臣歸依

那時，信仰薄弱的大臣便嫌惡說：「我特意為僧眾準備這各種美好食物，每人一碗肉，想讓僧眾盡情地食。為什麼先食濃粥後才接受我的食物呢？」

這時，大臣怨恨，便扣下各種餅、肉等美味食物，僅施捨羹、飯後，前往世尊之所，頭面禮足，坐在一旁，坐下後稟告佛說：「剛才安排供養眾僧，福

多呢？還是罪多呢？」

佛告訴大臣：「你所安排的供養，得到極多的福德，是往生天界的因由，比丘們乃至僅接受你的一團〔註293〕飯，都福德無量。」

這時，世尊逐步為他說法：布施、持戒、往生天界的方法，怒斥欲望的過失醜惡以及上有漏〔註294〕，稱讚出離世間，有助解脫。

佛為他說這些佛法後，他便在座位上，各種塵垢盡消，得到法眼淨，察見佛法、得到佛法、修於正法，得到殊勝的果位，稟告佛說：「從今以後，歸依佛、法、僧，聽許我做優婆塞，終生不殺生……乃至不飲酒。」

10. 初訂規制

那時，世尊進食後，藉這段因緣召集比丘僧眾，明知故問比丘們說：「你們清晨食過他人的濃粥後，然後才接受大臣的請食嗎？」

比丘們答道：「確實這樣。」

這時，世尊用無數方法怒聲斥責比丘們說：「你們做錯了！不合威儀、不合沙門法、不是清淨的行為、不是隨順佛法的行為，都不應做。你們這些愚癡人，為什麼先食過那濃粥然後接受請食呢？不可以先受請食後吃稠粥。所謂稠粥，就是用草畫粥面，不攏合的不可以食〔註295〕；如食，應合法治理。」

11. 多得供養

那時，世尊從阿那頻頭國人間遊歷，與一千二百五十名比丘在一起。

這時，國內穀物昂貴、乞食困難，人人面有飢色，然而有五百名乞丐常常追隨世尊身後。

這時世尊於摩竭提國，逐漸遊行回到羅閱城。

這時，佛和僧眾都得到很多供養。

12. 樂師供養

那時，羅閱城中有一信仰薄弱的樂師，看見佛及比丘僧眾得到許多供養，這樣想念道：「他們不是少福田者，在這穀物昂貴之際，佛和比丘僧眾得到許多供養，我現今不如以一年的農作物收成，供應和籌辦各種肥美的飲食，每人有肉一碗，施捨給佛和僧眾吧！」

他便親自前往僧伽藍中，稟告比丘們說：「明日清晨接受我請食供養。」

〔註293〕團：〔大〕原作「搏」。
〔註294〕上有漏：強烈的有漏。
〔註295〕粥畫開了不攏合，表示粥十分濃稠。

即在當夜籌辦充足各種美味的食物後，明日清晨前往告知時候已到。

13. 比丘不能多食

那時，羅閱城中有節會，居士們爭相拿飯、麨〔註296〕、乾飯、魚及肉，前往拜訪僧伽藍中，施捨給比丘們。

這時，比丘們得到和食完，然後接受請食。

這時，樂師親手添加〔註297〕各種飲食，比丘們說：「停一下啊！停一下啊！居士，請勿添加太多食物。」

那樂師說：「我以一年的農作物收成，特意為比丘僧眾籌辦各種肥美的飲食，每人肉一碗，切勿因為我信心薄弱的緣故，恐怕生起不信之心而不多吃。願求儘管食，我有信樂之心呢。」

當時，比丘們答這樂師說：「並非這原因不食，因為剛才先接受了王舍城各人的食物，所以現今食得少了；再無別的想法，請勿見怪。」

14. 樂師歸依

那時，信仰薄弱的樂師聽聞這番話後，便心生譏議嫌惡，說：「為什麼我以一年的農作物收成，特意為僧眾籌辦充足各種肥美的飲食，每人肉一碗，為什麼比丘們事先接受他人的飯、麨、乾飯、魚及肉，然後才接受我的請食呢？」

樂師怨恨，便扣下各種肥美的飲食，僅給羹和飯後，前往拜訪世尊之所，頭面禮足，坐在一旁，坐下後問佛說：「我剛才安排的飯〔註298〕食，福多呢？還是罪多呢？」

佛告說：「你現今拖捨食物，將是往生天界的因由，比丘們乃至食一團〔註299〕飯，都福德無量。何況現今施捨這麼多呢？這福德無可限量。」

這時，世尊為他說微妙的佛法：布施、持戒、往生天界的因由，怒斥欲望的過失醜惡以及上有漏。

當時，樂師聽聞這番話後，便在座位上，各種塵垢盡消，得到法眼清淨，察見佛法、得到佛法、修於正法，得到殊勝的果位，便稟告佛說：「從今以後，但願聽許我做優婆塞，終生不殺生……乃至不飲酒。」

〔註296〕麨：將米、麥炒熟後磨粉製成的乾糧。

〔註297〕添加：〔大〕原作「斟酌」。

〔註298〕飯：〔大〕作「飲」，今依〔麗〕。

〔註299〕團：〔麗〕作「摶」、〔大〕作「搏」，譯寫依前者。

15. 佛斥犯者

那時，世尊藉這因緣召集比丘僧眾，明知故問比丘們：「你們確實先接受了他人所請的五種食物，然後接受這請食嗎？」

比丘們答說：「確實這樣。」

這時，世尊用無數方法怒聲斥責比丘們說：「你們做錯了！不合威儀、不合沙門法、不是清淨的行為、不是隨順佛法的行為，都不應做。為什麼，愚癡人啊！先接受了他人所請的五種食物〔註300〕後，然後接受另一人的請食呢？」

（二）制戒內容

1. 佛初制戒

世尊用無數方法怒聲斥責比丘們後，告訴比丘們：「不應先接受他人請食的五種食物後，然後再接受請食。從今以後，跟比丘結戒，為了這十句義……乃至使正法得以久住。想說戒者，應這樣說：

若比丘，展轉〔註301〕食者，波逸提。」

這樣世尊跟比丘結戒。

2. 修訂前制

那時，病比丘於請食之所，不見治病的食物、治病的藥；如有治病的美食及藥，又畏懼謹慎不敢食，恐怕會犯輾轉食。

這時，比丘們前往把這件事稟告佛，佛告說：「從今以後，聽許病比丘輾轉食。從今以後，應這樣說戒：

若比丘，展轉食，除異時，波逸提；異時者，病時。」

這樣世尊跟比丘結戒。

3. 再修訂前制

那時，有一居士想請佛和比丘僧眾，安排飲食供養。

又有一居士，亦想請佛和僧眾，安排飲食及衣服供養，便前往僧伽藍中，對比丘們說：「我想請佛及比丘僧眾，供養飲食。」

比丘報說：「我們已先接受了請食。」

居士告說：「大德，我想施捨美好的飲食及衣服，唯願求僧眾接受我的邀請。」

〔註300〕五種食物：即上文所列的飯、麨、乾飯、魚、肉。

〔註301〕展轉：《巴利律》作 paraṃparā，相續、輾轉。

這時，比丘們畏懼謹慎，前往稟告世尊。

世尊告說：「從今以後，聽許比丘們於布施衣時，聽許輾轉食。從今以後，應這樣說戒：

　　若比丘，展轉食，除餘時，波逸提；餘時者，病時、施衣時，是謂餘時。」

4. 釋義

（1）比丘：意義如上文。

（2）展轉食：請食。請食有兩種：僧次請〔註302〕、別請〔註303〕。

（3）食：飯、麨、乾飯、魚及肉。〔註304〕

（4）病：不能一次坐下食美好食物便足夠者。

（5）施衣：自恣完畢後無迦絺那衣者一個月，有迦絺那衣者五個月〔註305〕。如再有其他布施的食物和衣服，或今日有多處請食，應親自接受其中一處的邀請；其餘應施捨他人，施與時這樣說：「長老，我應到那裏去，現今布施給你。」

5. 違犯輕重

如比丘，不捨棄先前的請食，又接受之後的請食，每吞咽一口，波逸提。

不捨棄之後的請食，又接受先前的請食，每吞咽一口，突吉羅。

（三）兼制

比丘尼，突吉羅；式叉摩那、沙彌、沙彌尼，突吉羅。這叫做犯。

（四）開緣

不犯：患病時、施衣時；或一日之內有多處請食，親自接受其中一處請食，其餘應施與他人；或施捨的是非食〔註306〕，或食物不足〔註307〕，或沒有請食〔註308〕，或食完後才再得食〔註309〕，或在同一處有前食和後食，〔註310〕無犯。

〔註302〕僧次請：居士沒有指明供養對象，僧眾按次序派比丘前往接受。

〔註303〕別請：居士指明供養某比丘。

〔註304〕這五種食，亦見於本律「單墮‧足食戒第35」，相對應《巴利律》作 odana（飯）、kummāsa（酸粥）、sattu（麥餅）、maccha（魚）、maṃsa（肉）。

〔註305〕一個月或五個月是指某僧可以繼續接收布施的時限。

〔註306〕非食：非正餐的食物，例如粥、餅等。這意謂如之前接受的是非食，不犯。

〔註307〕這意謂如之前接受的雖是正食，但不足夠，不犯。

〔註308〕這意謂如先前沒有接受請食，隨緣乞食，食完再食，不犯。

〔註309〕這意謂食時並無後來的請食，食後才得到邀請，不犯。

〔註310〕因為是同一處，施者是同一人，就算在後食時不多食，也不會惹惱施者。